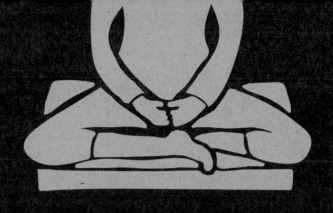

瞑想法、NLP、
臨床動作法、
バイオフィードバック

自分を整える　ブリーフサイコセラピー

岡本浩一
小林能成
長谷川明弘　編

春風社

まえがき

　本書は、自分自身のストレス・ケアに適用できる短期心理療法の技法をまとめてご紹介しています。本シリーズの既刊書『新時代のやさしいトラウマ治療』(2017)『パワハラ・トラウマに対する短期心理療法』(2019)と三冊一組をなす研究叢書です。

　本書がお役に立つと想定している読者は次のような方々です。

(a) 心理職、福祉職、医療職といった対人支援職に就いている人で、支援・治療相手の心の傷を代理的に疑似体験するため、そのストレスのセルフ・ケアが必要な方々
(b) 心理職、福祉職、医療職などに就いている人で、支援・治療相手に広義のマインドフルネス・トレーニングを教示する必要があり、可能な技法の一覧と導入手法を知りたい方々
(c) 職業生活や日常生活の強いストレスから回復する時間が十分にとれず、効率良くかつ自分自身でそのストレス・マネジメントをしたい市民の方々
(d) 坐禅、ヨガ、瞑想訓練、自律訓練に関心があり、技法の一覧と導入手法を知りたい方々

　本書制作に先立って、私どもは、2021年度から2022年度にわたり、セルフ・ケアのための市民ワークショップを開催してまいりました(2021年7月10日、7月24日、9月18日、12月11日、2022年2月26日、7月2日、11月5日)。ワークショップの実

施にあっては、既刊書ワークショップと同一の次のような方針を堅持しました。

(1) 参加者の門戸を広く開き、臨床心理士、公認心理師、心理学系大学生・大学院生だけでなく、関心のある一般市民の方の参加を求めること。
(2) 参加者が自分自身で技法を試みられるように、すべての知識とノウハウの要点と詳細を公開すること。
(3) 実演、模擬支援を必ず行い、実演中は被験者の生理的測定を行うこと。
(4) 技法の細かなノウハウを公開し、生理的測定の結果もその場で公開すること。
(5) 被験者以外の参加者からの質疑に答えること。

　コロナ禍と重なった年度であったこともあり、対面参加とZoomによる遠隔参加の両方を併用したワークショップでしたが、多くの方々が丹念にご参加くださいました。臨床心理学を専門とする方々が全体の4割くらいでした。
　本書はその録音記録に、書籍として必要な加筆と修正を加えて丁寧に制作したものです。ただし、(a)章の順序を理論にそって整えたので、目次掲載順とワークショップの日程順は一致しません。(b)また紙幅調整のため、被験者や参加者との質疑問答の一部を割愛しております。(c)質問者の氏名はすべてその章内でのアルファベット表記にしましたので、異なる章では同じアルファベットの人が同一人と限りませんのでご留意ください。
　『新時代のやさしいトラウマ治療』(2017)のワークショップにご登壇ご執筆いただいた大谷彰博士(アメリカ、メリーランド州Spectrum Behavioral Health サイコロジスト)の原稿がまことに素晴らしいので、大谷先生のご許可のもと、本書1章、2章として再掲いたしました。
　各技法ごとのフローチャートと収録会話をご覧いただければ、

すぐに試みていただける構成になっております。ぜひ座右に
そなえていただきたく存じております。

　　　　　　　　　　岡本浩一　小林能成　長谷川明弘

東洋英和女学院大学
社会科学研究叢書 10

自分を整えるブリーフサイコセラピー
瞑想法、NLP、臨床動作法、バイオフィードバック

目次

★呼吸のポイント
★心拍変動バイオフィードバックの効果
★心拍変動バイオフィードバックのまとめ
★今後の可能性
★機器
実演

目
次

第 I 部

PTSD の概論

セルフケアへの脅威を知る

1章

PTSD 概論

大谷彰

(メリーランド州 Spectrum Behavioral Health サイコロジスト)

★PTSDについての概論

ちょうどいま、過渡期といいますか、犯罪や自然災害が非常に多く起こっており、いろいろな意味で、「トラウマ」という用語が日本語に定着しました。

DSMという医学治療の診断マニュアルの5番目のバージョンが出まして、大きな意義のある変化がありました。

DSM-Ⅳ-TRのときまでは適応障害とトラウマ障害とは別だったのですが、DSM-Ⅴでは「トラウマ関連障害(Trauma Stress Disorder)」の項の中に適応障害が入ったのです。これは非常に理にかなったことです。「トラウマ的な体験があった。トラウマ障害は起こっていないけれど、適応障害が生じた」という診断を可能にするからです。

治療者も患者さんと接するときに、「どういったことがトラウマ体験であったのか、そして、それに対する反応が、適応障害なのか、トラウマ反応になのか」ということに注意を払う必要があります。この適応障害とトラウマ反応の違いは何

かといいますと、解離が出るかどうかです。

　以下、レクチャーの構成からお話を進めて参りましょう。

★レクチャーの構成

　まず、「発症要素」です。個人的にはDSMに賛成する部分も多いのですが、賛成しない部分も多いので、ここで思考の糧、Food for thoughtとして、お話をさせていただきたいと思います。

　次に、「マインドフルネス」について説明します。先週、『マインドフルネスを使ったトラウマ治療』という書名の本のゲラを校正し終わりました。2017年5月くらいに出版される予定ですが、「マインドフルネス、段階的トラウマ治療」という内容について、これまで話を控えて来たのですが、きょう、ここで皆様に日本で初めてその概説をご説明させていただきたいと思います。

　次に「PTSDに対するマインドフルネス」をどういうふうに使ったらいいのか？　ここでは「治療要素」とか「治療像」をお話しします。休憩のあとで、「マインドフルネス体験」を皆さんにしていただきます。チョコレートをお配りします。それを使って実習をしてみましょう。

　そして最後は「質疑応答」です。

★PTSDの本質と即時治療とは

　サブタイトルが、「トラウマの即時治療」となっています。「即時」という言葉には「すぐに」「瞬間的に時間をあまりとらずに」という意味と、「時に沿った」という2つの意味があります。ここでは2番目を意味でのPTSD治療を論じますが、「これが唯一の方法」というのではなく、一つのアプローチとしてご理解していただければ幸いです。

　次に「PTSD」というとき、DSMでは、「生命や存在にかかわる」ということを強調するのですが、ここは若干反対意見のあるところです。

　PTSDは元々の精神医学会、APAが1980年に出した診断

マニュアル、DSM-Ⅲで初めて導入されました。このとき、PTSDを「普通の体験の範囲を超えた出来事」と定義したのです。アメリカ社会では約8分間に1回、レイプが起こるとされ、しかもその報告率は、多分8人か9人に1人くらいだろうと考えられています。この数値によると、ほぼ5分に1回くらいの割合でレイプが起こっていることになり、さきほどの定義にしたがうと、レイプはその発生頻度が高く「通常範囲内の出来事」となり、トラウマにはならないことになってしまいます。これは大問題です。

　こうしたことが原因となり、6カ月後にで改訂版が出ましたが、最新のDSM-Ⅴの「PTSD」のセクションを読んでみても、「交通事故にあった」「台風で家を失った」「だれかに襲われた」「暴力を見た」など、PTSDを起こしやすい出来事を列挙してあるだけで、「PTSDの本質は何か」ということについては触れていません。

★PTSDと自己の物体化

　私がこれまでクライエントさんの治療から学んだPTSDの本質は「自己の物体化」ということです。「止めてと叫んだけれども、全く無視された」「地震（津波、台風、火事など）の威力は自分の意思とは関係なしにすべてを破壊した」といった体験です。言い換えると、「自己の人間性がはく奪された」ということで、自分の気持ち、自分の意思、自分の欲求、そういったことが全く対象から相手にされないことです。これが「自己の物体化」であり、PTSDの中核です。

　しかし、「自己が物体化された」「人間性をはく奪された」というだけではPTSDの発症にはつながりません。ここにもう一つの要素が絡むのです。

　自己の物体化が起こることによって、「基本的価値観の変容」が生じます。「自分は汚い人間だ」「自分は穢れた体になった」「人はきれい事を言うけれど、絶対信頼できない」「世の中には悪い人しかいないんだ」「世間には鬼しかいない、神なん

ていない」「自分が犯罪にあっているとき、神様は何をやって
いたんだ？」これらが基本的価値観の変容です。自己が物体
化されそのことによって基本的な価値観が変わった状態、こ
れがトラウマです。

★解離

　トラウマ発生によって何が起こるかをもう少し深く検討し
てみましょう。まず「解離」が起こります。臨床心理学で「解離」
というと、「感じられない」「考えることができない」などとい
う「心理的な解離」を思い浮かべがちです。とはいえ心身一如
と言われるように、心と身体は不可分です。日本語には「心身」
という素晴らしい言葉がありますが、これは英語にはない表
現です。英語の場合は「mind and body」と mind と body とを and
で結ばねばならず、あくまでも心と身体は別個です。これが
西洋の二元論の強みかつ弱みであり、近代哲学を築いたデカ
ルトの「我思う、ゆえに我あり」に由来する二元論的価値観が
窺えます。心身二元論というのはいまだに大きな問題、トピッ
クになっていますが、ここから来たわけです。

　ところが、東洋で我々が培ってきたものは全く異なります。
「心身」という言葉がひとつの言葉として成立しているように、
身体と心は一緒であって、分けること自体が理不尽である、「呼
吸があり、これによって心と身体がつながる」という考えです。

　こう考えると、解離は精神面だけではなく身体面にも影響
を及ぼすことが一目瞭然となります。「どうも体の調子が悪
い」「物が遠くから聞こえるようだ」「物が食べにくいと感じる」
といった、身体の解離が起こります。

★トラウマの心理

　臨床心理学でPTSDで一番よく見られるのは悪夢で、特に
眠ってすぐに起こるということです。これはEEGの研究ではっ
きりわかっており、通常、眠りについてから約60分から90分
して夢をみるのですが、PTSDを患う人、強迫障害を持ってい

る人、うつ病の人は入眠してすぐ悪夢が現れます。これは「脳の可塑性」という言葉で説明できるのですが、要するにトラウマによって脳の機能が変わったことを表します。

悪夢と同時にフラッシュバック、すなわちトラウマ記憶の呼び起こしも頻発に生じます。一昔前、ある政治家が他の政治家に向かって、「あなたは疑惑の総合商社」と言ったことがありましたが、PTSDはまさにクライエントの心と身体を襲う症状の総合商社です。

トラウマには「疎外感・非力感」も付随します。日本語のPTSDのテキストなどには「無力感」と記されるのですが、無力と非力は違います。無力というのは、「何もできないこと」、つまり「力がないこと、何かやろうと思っても、エネルギーがない」ことです。これに対し、非力というのは「やろうとすれどもできない」ということです。言い換えると自己効力が下がった状態で、無力とは微妙に異なります。

非力感にかられたクライエントがよく口にするのが、「自分はひとりぼっちだ」(疎外感)と「自分には何もすることができない」(絶望感)です。

トラウマの本質を理解するうえでもう一つ重要な概念は「シェイム(shame)」です。「シェイム」という言葉を英和辞書で引いてみると大抵の場合は「恥」と翻訳されています。この「恥」という言葉は学習院大学の故大野晋先生によると、「周囲に対して顔が立たない」ということとされ、「お前、恥を知れ」と言った場合、「世間に対して面子を潰した」という意味です。

これに対し「シェイム」、英語では「Shame on you!」などと悪罵をつきますが、これは「周囲に対して顔が立たない」ことではなくて、「人間として、してはならないことをしてしまった」ということです。詰まるところ「自責の念」もしくは「良心の呵責」ということです。

トラウマを経験したクライエントは「自責の念」や「良心の呵責」にかられます。「なぜ、自分はあのとき、ああいうことを行ったんだろう」または、「行わなかったんだろう」という

ことが根底に残るのです。この体験から「再体験に対する恐怖」が起こります。

　「また、地震が来たらどうしよう」「また交通事故を起こしたらどうしよう」「また襲われたらどうしよう」……これは「What if」思考と呼ばれ、「また同じ体験を繰り返したら」という恐怖です。トラウマ体験から生まれる一種の「脆弱性」であり、再トラウマを誘発する要因となります。

★脆弱性と再トラウマ体験

　米国デトロイトで行われた研究によると、15歳までに2回以上、暴力によるトラウマを体験した場合、暴力を受けない場合に比べてPTSDの発症率は何と5倍になります！　成人してからの場合では、たとえ1回の暴力体験でもPTSD発症率は3倍になっています。

　このようにトラウマ体験は、その後のトラウマに対する脆弱性を高めることにつながってしまいます。英語に「Sitting duck（座っている鴨）」という表現がありますが、日本語の「カモにする」という言い回しと同じようにじっと座っている鴨みたいに逃げも抵抗もせず、何度もトラウマに遭遇することになるのです。我々治療者はこの事実を銘記する必要があると思います。

　私の友人の一人は、セラピストから性的暴行を受けたクライエントの研究を行い、「セラピストから性的暴力を受けた9割以上は、幼少期に性的な虐待を受けている」と報告しています。トラウマがトラウマを呼ぶ、凄まじい現実です。

　一度、トラウマが起こると、基本的な価値観が変わってしまい、単に「自分が人生をどう見るか」「自分をどう見るか」ということだけではなくて、その後のトラウマ体験が多くなります。これは非常に大切な認識です。

★PTSD発症の要素

　次にPTSD発症の要素に簡単に触れておきましょう。

まず第1は恐怖の直接体験です。これには自然災害、対人暴力によるものの両方ありますが、前述した脆弱性の発生は対人暴力のほうがはるかに顕著です。どうしてなのかはまだはっきりとはわかっていませんが、自然災害は制御も予防もできない面が強いけれど、対人暴力は、直観的には制御・予防が可能に感じられる違いが関係しているのではないかと思われます。対人暴力では「誰かが自分を意図的に傷つけた」、もっと悪いのは、「たまたま、私があの場にいたから、彼が自分を襲った」ということで、安全性の知覚が消えてしまうのです。

　もう1つは、恐怖の間接体験です。これは二次的トラウマとも呼ばれ、臨床心理士がクライエントの話を聞いたことから生じることもあるので注意が必要です。

　最近のニューロサイエンスの研究で、脳内の「ミラーニューロン」の機能と役割が詳しくわかって来ました。ミラーニューロンの機能によって、他人に起こった経験を自分で追体験するのです。クライエントのトラウマ体験を間接的に体験すると言ってよいでしょう。

　3番目は加害体験です。これは「加害者誘発トラウマ体験」と呼ばれるタイプのトラウマですが、残念ながらDSM-Vの委員会はこれを導入しませんでした。

　私が大学時代に習った小木貞孝先生——ペンネーム加賀乙彦先生——は司法精神科医として長年、東京拘置所で死刑囚と接しておられましたが、死刑執行が、行政官にとってどれほどトラウマ体験になるかは繰り返すまでもありません。「加害」もしくは「自責の念」にかられることによるトラウマが生じやすい体験です。

　「命にかかわること」というふうにトラウマ規定をしてしまうと、ここのトラウマを見失ってしまうことになります。

　これらをまとめると、「自分が人間としてすべきこと、またはしてはならないことを冒した」ということが、トラウマの中核になり得ると思います。だれかに暴力を振るわれた、怖いことが起こった、といった場合では「あのとき、自分はもっ

1章　PTSD概論

21

としっかり自分を守るべきであった」ということになります。言い換えると、「自分は自分を許すことができない」ということです。DSM的な単に「ある出来事が自分の生命の危機を脅かした」という捉え方は間違ってはいないにせよ、トラウマの本質を全部カバーしていないのではないでしょうか。皆さま一人ひとりに考えて頂きたいテーマです。

★マインドフルネス

　さて次は「マインドフルネス」についてお話しましょう。今「マインドフルネス」に大変関心が高まっています。皆さんの中にも興味をお持ちの方がおられるでしょう。

　ただしマインドフルネスの定義は意外に難しく、学者のあいだでは侃々諤々の論議がなされています。私個人は、「気づいたことを、気づいたときに、気づくこと」という定義が一番気に入っています。しかし言うは易く行うは難しで、この実践はなかなか困難です。試しに1人椅子に腰かけ、目を閉じて、「今自分は何に気づいているのかな？」と注意を払ってみるとすぐにわかります。多くの場合、雑念がバンバン飛び、気づくことがいかに大変かが実感できます。

　マインドフルネスは仏教、とりわけ東南アジアで実践される上座部仏教にルーツがあります。

　「気づいたことを、気づいたときに、気づくこと」と言いますけれど、これは気づいたことに対する思考を止める、若干語弊があるのですけれども、「これは何か」という分別や価値判断を等閑視するということです。日本曹洞宗の開祖道元は、これに「非思量」という言葉を使いました。「非」という言葉は、「機能させない」ということです。先ほど言いましたように、「無力」といったときには、「力がない」ということですけれど、「非力」というのは、「力を作用させない、作用させることができない」ということですから、非思量とは「考えを作用させない」ことです。これが「気づく」ということです。

　ここで非常におもしろいのは、マインドフルネスが認知行

動療法とチームを組んだことです。認知行動療法というのは本来、「そういった不合理な考えをしてはだめだよ」などと不合理な考えを打破し、論理思考を強調します。「認知再構成法」はこれの典型です。これに対し、マインドフルネスはと正反対です。マインドフルネスでは「それは単なる考えだ」と単に認識するにとどまり、考えが起こったら、「それに気づき、気づいたときに、『これは考えだ』と認識」すればよいのです

　これはもともと日本にあった考え方なのですが、悲しいかな、アメリカからの逆輸入に頼らねばなりませんでした。

　今から約50年前の1964年、東京大学の平井富雄先生と笠松章先生が、曹洞宗のお坊さんの脳波をとって、「禅瞑想がどういった精神療法的な効果を持つか」ということに注目されたのですが、あまり注目されませんでした。

　それから半世紀経ち、アメリカでこれが広まって日本に逆輸入されたら、ちょっと言葉がシビアですが、「舶来物」になったら、瞬く間に価値が上がりました。なかでも特に有名なのがMBSR「Mindfulness-Based Stress Reduction」で「マインドフルネスストレス低減法」と訳されています。もう一つはMBCT、「Mindfulness-Based Cognitive Therapy」で「マインドフルネス認知療法」と訳されています。

　日本でマインドフルネスの関心が非常に高まってきて、今問題になりかけているのは誇大広告です。我々はマスコミに影響されやすく、NHKの『ためしてガッテン』では、「3分間やったら、認知症を予防できる」などと未だ確認されていない情報を流していました。寅さんなら「それ言っちゃあおしめぇよ」と言ったことでしょう。

　文献を調べると、マインドフルネスの効果は従来の認知行動療法とほとんど変わりません。これは、多数の研究傾向をさらに統計的に分析する「メタ分析」という手法で、効果量を示す統計指標は中規模の「.49」でした。「.2〜.4」が小さいサイズで、「.4〜.6」が中規模の効果で、「.6」を超えたら大規模効果になる指標ですので、従来の認知療法と有意差で変わりません。

言い方を換えれば、「マインドフルネス」ができない方、「ちょっとこれ、嫌です」と言う方には、従来の認知療法を行えばいいことになります。

　きょうは後から、「タッチ・アンド・リターン」と「チョコレート・マインドフルネス」を両方体験していただこうと思います。是非お試しになってください。

　ここで仏教的なマインドフルネス、いわゆる仏教に根差した生活観を列挙してみましょう。「諸行無常」(すべてのものは移りゆく)、「一切皆苦」(あらゆることは不満足となりうる)、「諸法無我」(自分の思い通りになるものは存在しない)の3つです。要するに、人生を絶えず正確に予測することはできない、「これは自分のものだと完璧にコントロールできるものはない」ということです。この現実を体験知させる方法が仏教コンテキストのマインドフルネス(瞑想)です。こうした仏教的なマインドフルネスを臨床コンテキストで活用するのが「臨床マインドフルネス」です。

★ PTSDの段階的治療

　さて「PTSDに対するマインドフルネス」について述べてみましょう。「Mindfulness-Based Phase-Oriented Trauma Therapy」(MB-POTT)という、私が開発したアプローチです。

　「Phase-Oriented」とは、段階的という意味です。これは今アメリカのトラウマ治療で一番標準化されているアプローチです。ヴァン・デル・コルクとかジュディス・ハーマンの著書が著名で、ハーマンのTrauma and Recoveryは「心的外傷と回復」という、中井久夫先生の名訳がございます。一方、ヴァン・デル・コルクの最新著作は『身体はトラウマを記録する』で、紀伊國屋書店から翻訳が出ました。段階的治療は彼らが提唱したアプローチで「トラウマを治療するときにステージに即して行う」、即時アプローチです。

　第一段階は「症状緩和」です。

　よく用いられる喩えですが、歯が痛いときに歯医者さんに

行ったところ、「あなた、どういうふうな歯の磨き方をしましたか？」「どういうふうな食べ方をしましたか？」と聞かれるばかりだったら、どうしますか。いま、そんなこと全然問題じゃないでしょう？

「痛いところを、ともかく何とかしてくれ」と言いますね。トラウマ治療も、まず症状、「夜寝られない」という症状があれば「ああ、大変だね」「体が痛む」という症状があれば「それは何とかしようね」。まず症状を緩和しようというわけです。症状が安定すると、次にトラウマの言語化を図ります。これが第二段階です。ブリーフセラピーの言葉でいうと、ナラティブ化するわけです。

トラウマというのは、記憶になるときに、正常な通常の記憶反応が入っていませんから、その話をすることができません。だから「物語にする」、つまり「ナラティブ化する」のです。トラウマのストーリー化によって、解離された感情や記憶を取り戻し、歪められた価値観の修復をはかるのです。

症状が一応治まり、トラウマに対する体験を今、自分の口で言葉にして話すことができる段階になると、次は、「これから、どういうふうな生活をしていったらいいのか」ということが課題になります。例えば、事故にあったところを車で通ったら、何かまた不安になるということがあるとすると、そういうことをどのように調節するかということ、「自分は幸か不幸か、男性から非常に傷つけられた、暴行を受けた、これから、どのように男性への信頼を回復するか」、といったことが問題になります。この段階が「日常生活の安定化」です。

最後は、「ポスト・トラウマ成長」です。これは物議をかもすコンセプトで、関心のある方はこの分野で第一人者の神戸大学の宅香菜子先生が、ポスト・トラウマ成長に関する最新の論文を集めた本[1]を出されましたので、それをご覧になることをお勧めします。

1　宅香菜子『PTG の可能性と課題』金子書房 2016

では「マインドフルネスの治療要素」についてお話します。これは非常に興味深いです。

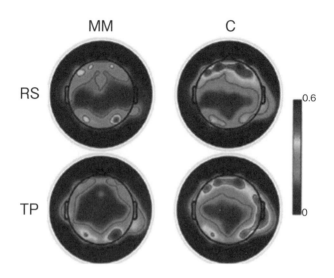

これはイスラエルのバーコヴィッチ・オハナらのチームが発表した画像です。トレーニング・フェーズ、「RS」はレスト（休息）・フェーズの略です。「MM」はマインドフルネス・メディテーション、「C」はコントロールです。リラクセーションでは身体の特定部位を意図的に緊張させ、それを弛緩させる方法を用います。全身的弛緩方法と呼ばれる方法ですが、この場合、顔の筋力、それから肩、腕、腹部、腰、足、ずっと順々に行うので体性感覚皮質に反応が見られます。実践しながら身体的な反応を感じ、それについていろいろなことを考えているから前頭葉皮質にも反応が起こっています。

ところがマインドフルネスの画像は全く異なります。それは、単に気づいているだけだからです。前頭葉の違いがおわかりになるでしょう？　体性感覚皮質身体のほうも余り反応が見られず、リラクセーションとマインドフルネスの違いがおわかりになると思います。

さてマインドフルネスとリラクセーションを15分行い、休憩した時の様子を見てみましょう。この場合、リラクセーションでは前頭葉皮質の活動がすぐに活発となり、体性感覚皮質は減少します。つまり弛緩は少なくなり、考えが増えるのです。これに対し、マインドフルネスでは実践中の効果が維持されています。

　つまり、マインドフルネスでは訓練終了後も効果が維持されるのです。これが禅仏教でいう「日日平常心（にちにちびょうじょうしん）」です。日ごろの実践が瞑想をやっていなくても日常生活にも現れることが実証されたと言えるでしょう。これは非常に画期的な研究です。

★脱中心化

　先ほど言いましたように、マインドフルネスは「気づいたことを、気づいたときに、気づくこと」ですが、これを別の言葉で「脱中心化」と呼びます。

　この写真を見て下さい。

真ん中の人物はクライエント、周囲の鳥を「不合理な思考」と思ってください。これまでの認知療法では、「この鳥をどういうふうに取り除こうか」と考え、「檻を持って来て、その中に入れる」「全部、犬にかえちゃおう」などとしました。ところがマインドフルネスは、それをやらない。代わりに「距離をおいて見ておこう」とトライします。「単なる考えです」として捉えるのです。

　ブリーフ・セラピー的な観点からいうと、前者は一次的な変化、後者は二次的変化です。一次的変化とは、「問題とされる内容を変える」ことであり、これに対する二次的変化とは、「問題の状況を変える」ことです。不安の原因を拭い去るのが前者、不安になっても気にならないのが後者に当たります。これが脱中心化の目指すゴールであり、臨床マインドフルネスの治療原理と考えられています。

★ディフォルトモード・ネットワーク（DMN）

　脱中心化に次いで「ディフォルトモード・ネットワーク（DMN）」について述べておきましょう。ディフォルトモードは脳のアイドリングに喩えることができます。車のエンジンをかけると走っていないときもずっとエンジンが回っていますね。この脳のアイドリング状態がディフォルトモードで、休止しているように見えるときでも、脳は決して休止してはいないのです。

　このデフォルトモードが不安うつの反芻思考にかかわっていることが最近になって分かりました。　いろいろなパターンがあるのですけれど、この図を見て下さい。

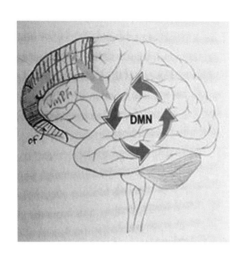

　大脳の前の部分に前頭前野があります（斜線部）。少し離れたところにDMNがあり、この部位で反芻思考が起こります。これを放っておくと、症状が悪化します。

　従来の認知療法の場合は、DMNで反芻する思考（自動思考）を前頭前野の実行機能で処理します。「あっ、そう考えたら、気分が悪くなりますよね。考え方を変えることができますか？」と働きかけるのです。

　ところが「マインドフルネス」は、それをやらないのです。前頭前野で思考内容を変えるのではなくて、「これは単なる思考だ」ということに帰着しようとするわけです。これには島（とう）という部分と前頭前野との機能的分割が関与すると思われます。要するに、「考えは考えとして認めるけれど、それは自己とはかかわりがない」というのがデフォルトモードだということになります。

　これが今、我々が理解する「マインドフルネス」の基本メカニズムです。

　仏教では道元禅師の正法眼蔵『現成公案』という書物に

DMNの作用を窺わせる文章があるのでご紹介します。正法眼蔵は非常にうつくしい文章で、「仏道をならうというは、自己をならうなり」という有名な言葉で知られていますが、その中に、「人、舟にのりてゆくに、めをめぐらして岸をみれば、きしのうつるとあやまる。目をしたしく舟につくれば、ふねのすすむをしる」と書いてあります。どういうことでしょうか。「普通、人というのは、舟に乗っていることに全然気づかずに、何かこう、景色を見て、『ああ、この景色が動いている』と、いつもこの景色を中心に考える。ところが、禅をして、いわゆる禅体験をすることによって、いやいや、風景は全然変わっていなくて、変わったのは、自分の位置だ、ここにいてこう見える風景と、こっちに来て見える風景は違うように見えるけれども、本当に変わったのは自分の立場だけであって、外にあるものは全然変わっていない」これが道元禅師のおっしゃった言葉の真意です。

　つまり「考えは考えであって、それが自分を左右するんじゃなくて、自分がどういうふうに景色をとらえるか、『自分が今どこにいるか』ということを知ることによって、外にあることから離れて自由になれる」ということです。

　これは「自己概念の変化」です。「自分はこういう人間だ」「自分はいつも気分が悪い」「いつも不安がっている」「いつも気分が落ちている」「だから、自分は不安な人間だ」と、そういう内容で自分を規定したり、景色で自分を定義するのではなくて、「いやいや、自分は今、こういうふうな不快な感じが起こっているけれども、それは単なる考えだ」「また自分が違う状況に置かれれば、今ここに、『うれしい自分がいる』『幸せな自分がいる』というけれど、それはたまたま自分の立場が変わっただけであって、外部が自分を規定しない」という考え方です。

　これが禅の示している知識・智慧です。

　治療が進むにつれて、トラウマに自分がどういうふうに反応しているか、「トラウマという岸をずっと見ているのではなく、そういった岸はあるけれど、自分は今どういう立場に置かれ

ているのか」ということが理解されてきます。これは「ポスト・トラウマ成長」という概念です。最後に「サバイバー（生き残った人）の詩」を紹介いたします。私は「セラピーが終わってもPTSDの治療はずっと続く」と考えており、治療の神髄がここに記されていると信じています。

　　私は虐げられた。
　　それは正義を欠いた闘いであった。
　　私が望んだ闘いでもなかった。私は敗れた。
　　そんな闘いに負けたとてシェイムにはならない。

　　勝つことがシェイムである。
　　私はサバイバーとなり、もはや敗者で囚われ人の立場
　　　にはいない。
　　過去を振り返ると寂しさはあるが憎しみはない。
　　将来を見つめると希望があり、絶望はない。
　　私は決して忘れはしない。しかし常に苛まれることは
　　　ない。
　　私はかつて被害者であった。
　　今はサバイバーだ。

★会場参加者との質疑

質問者V　「前頭前野と島の部分を分けると、考えは考えとして考えることができる」ということですけれども、島の部分を一緒だと考えた自分の行動が、一緒になってスランプとかになって、島の部分を分ける方法というのは簡単ではないですか。

大谷　難しいです。それができないから、みんな苦労するわけです。「悟りを開く」ということは多分そうなるのでしょうけれど、ニューロサイエンスの観点からいうと、脳の部分というのは、ブロードマンという人が書いている、「ブロードマンエリア10という部位が引き金になっている」とい

う仮説があるのです。その根拠のひとつは、瞑想体験を10年20年した人は、その分野の密度が非常に高くなっているということなのです。ですから、ブロードマンの10の領域から、さきほど、デフォルトモードという言葉を用いましたが、前頭前野に来た情報を、そこがスイッチになって島分野と分割するのだろうという考え方になっています。

質問者 V ありがとうございます。

大谷 認知心理、神経心理では、前頭前野、実行機能におけるデカップリング（「分割化」）という概念が出て来ます。今、京都大学で、それがさかんに研究テーマになっていますが、デフォルトモードに関しては、「ブロードマン領域の10が、前頭前野と右の外側部と島の右の分野を機能的に脱結合する」ということが、知識としてきちんとわかっているのです。

質問者 V ブロードマンの10が前頭前野の外側部と右の部分とつながっているということでしょうか。

大谷 外側背部ですね。

質問者 V 外側背部とつながっているということで、今後とも研究が進んでいくだろうと。

大谷 多分それがメカニズムだろうという仮説です。

質問者 V 仮説、じゃあ、その3つがつながっていることを、うまく分けないと。

大谷 そうですね。

質問者 V ありがとうございました。

大谷 グーグルスカラーで、「ブロードマン10」「前頭前野」「外背側部」で検索すると、論文が出てくると思います。

★タッチ・アンド・リターンの簡単な紹介と原理

　自分の呼吸や身体に注意をあてていって、自分の身体のあるがままの状態に気づくことを訓練する。その心の構えを周囲の音や環境への注意にも拡張していき、周囲や環境のあるがままの状態に気づく。周囲に気づくことによって、さらに

自身のあるがままに対する認識を深めていく。このことによって、前頭前野の活動と島(とう)の活動の分離を行うトレーニングができる。それは、おそらく、既述のように、前頭前野右外側部と島の右分野を機能的に脱結合するブロードマンの第十領域の活動水準を上昇させることになると考えられるのである。「タッチ」というのは、関心がたんに何か(周囲の音や自分の身体)に向くこと、「リターン」は、関心が自身の呼吸に向くことである。これを繰り返すのが基本的な構成である。

★タッチ・アンド・リターン　フローチャート

1° 呼吸に注意を向けさせ、呼吸の被動感を認識させる。呼吸を自分でするのではなく、させられている、何物かによってさせられているという被動感の認識を誘導する。閉眼してもしなくともよい。「何かを自分が判断していることに気づいたら、判断しているなあと自覚するだけで結構です」

2° 「周囲の刺激(目に見えるもの、聞こえるもの、気づくものをいくつか、ひとつずつ挙げる)に気づいてください。気づいたらまた呼吸に注意を向けてください」。例「エアコンの音に気づいてください。エアコンの音がしているなと思ったら、また呼吸に注意を向けてください」

3° 「呼吸から注意がそれたら、それたなあと思って、また呼吸に注意を戻してください」

4° 2°と3°を何度かゆったり繰り返す。

5° 頭のてっぺん、顔、首、肩などを順にゆったりした口調で挙げて、そこに注意を誘導する。例「自分の肩の状態に注意を向けてください。肩に気づいてください。リラックスする必要はなくて、注意を向けるだけで結構です」

6° 「呼吸から注意がそれたら、それたなあと思って、また呼吸に注意を戻してください」

7° 5°と6°を繰り返す。身体の別の部位を挙げてもよいが、同じ部位でもよい。クライエントを観察していて、ふと

変化を感じる部位を挙げていく。

8° 「あと 3 回か 4 回、呼吸のほうに注意を向けてください」

9° 全体を何度か繰り返し、深化をはかる。

10° 深化が感じられたら、適切な時点で「自分でタイミングがいいなと思うタイミングで、ストップして目を開けてください」と言って、最初の状態に戻ってもらう。

11° 最初の状態に戻ったことを確認する。

本章は、岡本浩一・角藤比呂志（編）2017『新時代のやさしいトラウマ治療——NLP、マインドフルネス・トレーニング、EFT、EMDR、動作法への招待』（東洋英和女学院大学社会科学研究叢書4）からの転載である。

第Ⅱ部

マインドフルネス・トレーニングと
伝統的瞑想法の応用

2章

「タッチ・アンド・リターン」「チョコレート法」

大谷彰

(メリーランド州 Spectrum Behavioral Health サイコロジスト)

★タッチ・アンド・リターンの実演

大谷　2つデモンストレーションしたいと思います。

　　　私の言葉遣いで、どういうふうに教示を与えるか、どういうふうな言葉遣いをするかに注意してご覧下さい。マインドフルネス・トレーニングの実際の教え方は、いろいろありますが、ここで今日、ご覧に入れるのは、一番典型的な簡単な「注意を集中する」という方法です。「注意の安定」ですね。結局、呼吸、息に注意をはらいながら、どういうふうなことをするかということです。

　　　参考までに、一言付け加えると、催眠をなさっている方は、非常にこれ、やりやすいと思います。まだ、これははっきりしていないのですけれども、呼吸に注意をできる方と、呼吸の注意から離れてイメージに没頭する方がいらっしゃるのです。私が今やるのは、呼吸にずっと注意を向けてもらう方法です。こういった古典的な瞑想に基づいたタッチ・アンド・リターンをすることによって効果が上が

ります。なかには「いや、呼吸に戻るよりも、自分はイメージがわいて、イメージに没頭してしまった」という方がいらっしゃると、イメージが出た段階でそれを止めて呼吸のほうに注意を戻すのですが、臨床心理学の文脈では、そこでメタファーなどを使って、非常に効果を上げています。

　これから、被験者Lさんにデモンストレーションさせていただくのは、タッチ・アンド・リターンです。これ、自分自身でもできる方法ですので、よく観察なさってください。

大谷　こんにちは、もう緊張なさっているみたいですね。

被験者L　はい。

大谷　そうですか。ある意味で
は、緊張なさっているほうが
ね、何というか、効果の違い
がはっきり見えてくるので。
今まで瞑想とかマインドフ
ルネスとか催眠とかなさっ
たことはおありですか？

被験者L　催眠は少しやったことがあります。

大谷　どういうことをなさったんですか。

被験者L　えーと、観念運動です。

大谷　ああ、そうですか、へぇ、それで結構、どういうふうなイメージを、感想というか、ございます？

被験者L　あの、何というのですか、「自由に、こう動いていい」とかいった場合でも、本当に動く感じとか、被動感みたいなのがあったりして。

大谷　なるほどね。

被験者L　おもしろい。

大谷　おもしろいですね。それね、体験なさったらね、マインドフルネスやりやすいと思うのですね。どうしてかというとね、息をするというのは、結局、自分で息をする感じがするでしょう？

被験者L　はい。

大谷　息が続くというのは、息を自分でしようとするのでなくて、被動感が出てくるのですね。だから、それ、腕で体験なさったら、結構これ、おもしろいと思います。

被験者L　はい。

大谷　目を閉じる必要、全くないですし、で、私に対してですね、反応する必要、全くないので、じっとそこでお座りになっていただけば結構です。【⇒1章フローチャート1°】

被験者L　はい。

大谷　いいですか？

被験者L　はい。

大谷　それじゃあね、全然、催眠とは違うんですけれども、「今心の中で気づいていること、どんなことあるかなぁ」と、心の中を見回す感じで、何か気づいてください。で、気づいたら、「ああ、これに気づいた」と思ってください。それだけで結構です。周囲の音とかですね、私の声、当然聞こえますよね、それから、何か、あそこのファンというのですか、ブーンという音。【⇒フローチャート2°】

被験者L　はい。

大谷　それから、あと、今腰かけられている椅子の、何か感覚ですよね。

被験者L　はい。

大谷　で、気づいたら、単に気づいた、ちゃんと気にしたことを気づくだけで結構ですので。

被験者L　はい。

大谷　返事する必要、全くないですから、それで、そういうふうになさりながらですね、外の様子、それから体の感覚、あと、当然、心というか、気持ちですよね、どんな感情、どんな考え、こういうとき、大抵いろいろな考えが浮かんでくるのですよ。どんな考えが浮かんできても、判断したりする必要は全くないし、判断するような気持ち、考えが起こってきたら、「判断しているなぁ」と思うだけで結構です。

　そうこうしながらですね、周囲の事柄、カメラのフラッ

シュの色、音、椅子、床、空気、気持ち、いろいろなことに気づいてですね、そうこうしているうちに、自分のタイミングをとらえて、自分の呼吸のほうに、ちょっと注意を向けてもらえますか？【⇒フローチャート2°】

　注意を向けるというそれだけで結構なので、息に注意を向けてですね、また、その注意が、ほかのほうに飛んでいっちゃったら、もう、それでも結構です。で、そのときにはですね、「あっ、注意が、何か、息から外れたなぁ」ということを、ちゃんとお気づきになって、で、またやんわりと自分の呼吸法に注意を戻してください。【⇒フローチャート3°】

　先ほど言いましたけれど、注意を向けるの、結構、困難な方もいらっしゃるんですけれども、いろいろなことに気づいて、何に気づいても呼吸のほうに注意を戻すだけです。

　いろいろな考えが起こってきたら、「ああ、考えが起こってきたなぁ」と思って、また呼吸のほうに注意が戻る。で、呼吸に注意を向けるとですね、いろいろな方がおっしゃるんですけれども、その呼吸のペースですよね、若干早くなったりとか、これ、リラクセーションじゃないから、全然深呼吸する必要もないし、単に、「どんな呼吸をしているかな」ということに気づくだけで結構です。

　若干、呼吸が早まったりとかですね、それも気づくだけで、呼吸に気づきながら、他のことにも気づいたらですね、例えば、考えとか、周りのこととかですね、考え、「これにも気づいたなぁ」と思って、何か呼吸のほうに、こう、重きを置くというのですか、ただ、それだけです。

　で、そうしながらですね、その、自分の呼吸のペースというのですかね、そういったことにも気づくかもしれませんし、もっと気づくようになると、自分の吸った息と吐く息の温度差というのですか、そういうところにも気づくかもしれません。

　で、ほかの音が聞こえたら、「ああ、聞こえたなぁ」「咳が聞こえたなぁ」と思って、また呼吸に戻る。

で、いろいろなイメージがわいてきたらですね、そのイメージに気づいて、また呼吸のほうにやんわりと、気づいたことはね、気づいたままで、ちょっと、そこで、じっとこう、そっとしておいてね、そこに残して、意識を呼吸のほうに戻してください、それだけで結構です、何にもほかにすることはありません。

　こういうふうにやっているとね、いろいろな考えが出てきてね、モンキーマインドという言葉なんかあるのですね、いろいろな言葉があってですね、考えが浮かんできて、その、お猿さんが木から木へ飛び移ったような感じですけれど、それが起こったら、「ああ、そんなことが起こったのだなぁ」、全く判断する必要、全くないですね、起こったことは、単に「起こった」と思って、それで呼吸のほうに、また注意をします。

　そうやっているとね、単に注意を払っているだけですけれども、いろいろな、その、体の変化とかね、考えの変化とか、それにも気づくでしょう。で、気づいたら、気づいたままで、そのままでいてください。

　で、姿勢を……また気づきましたね……で、そのときの体の感覚とかね、1カ所だけじゃなくてね、ボディスキャンというのがあるのですけれど、何か、あたかもね、何か、こう、あの、MRIか何かの、その光がずっと頭のてっぺんから顔、それから首、肩、で、これは意識的にリラックスする必要はなくて、ただ注意を向けるだけですね。

　だから、この場合は、体の感覚と、それから呼吸は両方行ったり来たりすることになります。で、ずうっと、その気づきがですね、胸のほうから腹部にいって、同時に手、肘、で、腹部、腰、同時にですね、手の先とか、ずうっとですね、臀部と腰を通って、今度は足のほうですよね、で、このときもずっとですね、「マルチモードの気づき」というのですけれど、あっちこっちのことを気づいて結構ですよ。【⇒フローチャート5°】

で、体の感覚と、それから呼吸の両方に、意識を向けても結構ですし、呼吸のほうに重きを置いても、体のほうに重きを置いても、全然構いません。で、ずうっと、意識をずっと下のほうにいってですね、膝のほうにいって、ふくらはぎ、向こう脛、ずっといって、肩と、もしよかったら足の親指からですね、指、1本1本。で、これが終わったらですね、もしよかったら、今度また、逆に上のほうにいってもかまいません。【⇒フローチャート6°】

そうこうしながら、いろいろなイメージが浮かんできたら、ただ気づいて、またもとの体の感覚とか呼吸に、また意識を戻すだけです。はい、それだけです。で、ずうっと上のほうに自分のペースで、注意、感覚をずうっと上のほうに戻してきて、これはね、自分の体と、だんだん友達になることなのですね。これまで気づかなかった感覚とかですね、単に言葉で表現できないような気持ちとか感覚、また、その体の位置によって、いろいろな思い出とか、そんなことも気づくかもしれません。

気づいたら、柔らかくですね、やんわりと気づいたことに気づいて、また注意と意識をもとの呼吸と体に返す、それがずうっと自分のペースで頭まで上がって、自分のペースで頭まで戻ったら、もう一度、今度自分の体を眺めるようにして、それで、またもう一度、呼吸のほうに注意を戻してください。【⇒フローチャート8°】

自分でペースをとりながら、あと3回か4回、呼吸のほうに注意を戻していただいて、タイミングがよかったら、「ああ、ここでいいな」と思ったら、ストップして目を開けてください、それだけです。【⇒フローチャート10°】

目を開けましたね。ちゃんと今、最初の状態に戻りましたか？

被験者L　はい。

大谷　はい、どうでしょう、いろいろな質問があると思うんですけれど。

被験者L　はい。

大谷　本当に答えたくないこととか、言いにくいことを言う必要は全然ないですけれど、何か感想があったら、ぜひ、シェアリングしてもらえますか。

被験者L　あっ、そうですね、ちょっと何か、うーん、ちょっと寝ていたような感じの感じがしました。

大谷　ああ、そうですか。

被験者L　で、声が、こう、聞こえるというか、響く感じがして、で、あとは、こう、まあ先生がおっしゃったとおりに、こう、体が移っていったりとか、で、戻ってきて、「ああ、本当に、何か吐く息と吸う息で温度、違うわ」と思ったりとか、で、また、「呼吸に意識を向ける」といっても、「空気かもしれないし、お腹のほうも動いているし」とか。

大谷　いろいろなところがある。

被験者L　「(呼吸をしているところは)どこかな？」と思って、またお腹にいったりとか、「まあ確かに外の音も聞こえるけれど」という具合でした。

大谷　(注意が向くのが)1点じゃないでしょう？

被験者L　そうですね。

大谷　「マインドフルネス」をやっている方が、一番先におっしゃるのは、「これまで気づかなかった、いろいろなこと、自分の体の感じとか、考えとか、周りのことについて、いろいろ敏感になっていく」ということです。わかるでしょう？

被験者L　わかります、はい、そうですね。気持ちよかったです。

大谷　そうですか。

被験者L　何か先生の声が気持ちよかった。

大谷　ああ、そうですか。

岡本　いかがでしょうか。何か質問、おありの方、いらっしゃいます？　よろしいですか。

質問者V　大谷先生、ちょっと解説を加えていただけたらと

思います。さっきおっしゃった「これから、タッチ・アンド・リターンという形でマインドフルネスを行います」と、タスクの内容の構造とか論理構成をすこしまとめる形でご解説いただけますか。

大谷　タッチ・アンド・リターンは、普通、基本的には外観（への注意）から入っていくのです。何か自分の意識の向いた対象、例えば、外のこと、外観、周囲の物事とか、それから、例えばエアコンが入っていたら、クーラーとか、ヒーターが入っている、そういったものの感覚とかですね、自分の周りのあることから、だんだん考えが入って、考えから感情に入って、呼吸のほうにいきますね。

「タッチ」というのは、「気づいた」ということの喩えで、これにタッチして、リターンというのは、呼吸に注意をリターンすることなのです。

呼吸に注意を向けることの重要性は仏典などにも出ています。アーナーパーナ・サティとか、サティパッターナ・スッタという古典的な仏典を読んでいますと、釈迦は、「呼吸に気づき、息を長く吸うときは、息を長く吸うとする、息を長く吐くときは、息を長く吐くとする」とおっしゃって、その次「呼吸をしながら、自分の体に気づく」とおっしゃっているので、最初は「呼吸に注意を向ける」ということを基本にし、それが確立されたら、次は、呼吸を使いながら他の身体感覚に入っていって、原典を読むと、それから始まった自分の感覚とか感情とかを、一番最後は無我というか、「すべてのことは、いつも変わっていく」というところにいくのですけれど、物音とか考えにタッチしても感情をそのままにしておいて、自分の呼吸までリターンするという、そういうことです。

これをやっていますと、被験者Lさん、途中で何か気づきませんでしたか。1つに気づくだけではなくて、2つ3つのこと、いろいろなことに同時に気づきませんでした？

呼吸に気づきながら、あと身体の感覚とか。

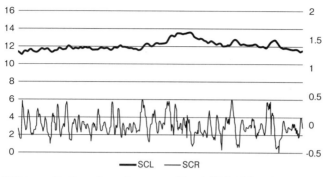

図2-1　マインドフルネス・トレーニング中の皮膚電気活動のグラフ

被験者L　そう、そうですね。

大谷　そうなったときに、結局、呼吸を自分の道案内みたいな感じにして、呼吸に気づきながら他のことに気づくということになるのです。

　これはトラウマ治療でクライエントにトラウマの原体験とかそういったことを書いてもらうときに、自分の呼吸と私の声への注意を絶えず安全弁としてもらい、トラウマ体験の記憶にタッチしたらすぐ自分の呼吸へ関心を戻すという手法につながります。この手法は非常に有用です。

　生理的データはどうでしょう、少し解説していただければ。

小林　指先から末梢の皮膚の温度、それから、皮膚電気活動（SCR）を測定しています。両方とも自律神経の反応を見ているものです。その他、耳から、脈波（心拍）を測っていました。

　まず、この状態で前に出られて、普段よりかなり緊張した状態だったのではないかと思います。また、大谷先生のご説明にもあったように「マインドフルネス」は単なるリラクセーションではないということもあるのかなと思いました。自律神経系の反応としては、単純に、いわゆる交感神経の活動レベルが下がったというだけの形ではなかっ

たです。

　皮膚電気活動と言う、よく「うそ発見」なんかで使われる指標ですが、その中でも、SCR というその時その時の一過性の刺激に対する反応がずっと現れていました。

　これは恐らく、まさに今ここで注意を向けている刺激に対してそれぞれに反応しているという状態を示しています。——単に「ボーっとしている」ということではなくて——落ちつきながらも周囲に意識を向けている状態を示しているのかと感じました。

　次に、心拍を見てみましょう。

　心拍は、最初非常に速かったんですが、進むに従って、だんだん落ちついて、全体的に下がってきています。心拍のグラフが細かく上下にギザギザしていますが、これは、心拍にもともと存在する揺らぎが出ているのでいま、考慮の外に置いていただいて、心拍数がトレンドとしてグーッと遅くなってきている様子が見られます。気持ちが落ちつく方向に変化していると思われます。

　血圧は、簡易な測定しかしていませんが、一応見てみましょう。収縮期血圧は最初に出て来られたときが 155 という数字だったものが終了時には 145 でした。拡張期血圧は開始時 102 から終了時 93、心拍が開始時 110 から終了時 93 で、全体的に下がっている方向だと思います。

　ただ、教室でこれだけの人数の人の前に出てやっていただいている状況ですので、覚醒水準が高く、全体的に、血圧、心拍ともに高めに出ているのかなと思いました。

★チョコレートを使ったマインドフルネス・トレーニング

大谷　ぜひチョコレートでですね、「マインドフルネス」をやってみたいと思います。何か質問ございませんか。

質問者 W　今やっていただいたデモは、セラピストが誘導するマインドフルネス・トレーニングですが、それと、ひとり

でやるマインドフルネスは違っているのですか、ある程度
同じなのですか。

大谷 マインドフルネス・トレーニングの手法として、自分1
人でちゃんと足組んで瞑想する場合と、だれかほかの人に

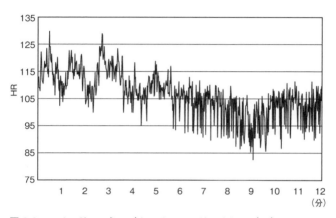

図2-2 マインドフルネス（タッチ・アンド・リターン）中の
心拍変化

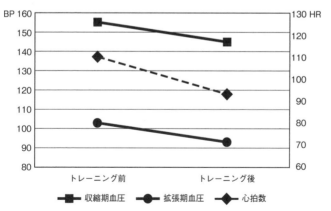

図2-3 マインドフルネス（タッチ・アンド・リターン）
前後の血圧と心拍の変化

いまのように指示を出して誘導してもらうのは同じとみなせるかどうかというのは、研究者の大きな関心事ですが、今のところ、私にもよくわからないというのが率直なところです。

　海外の文献を読んでいますと、瞑想的な体験と意識変容体験、もちろん科学的な範囲での意識変容体験ですが、それは、集合で習ったベン図で二つの集合が一部重なっているような形になるのだと思います。つまり、瞑想的な体験と意識変容体験は、一部重なるけれど、重ならない部分もある。

　多分なるんでしょう。

　自分1人で座って、自分の心の中、身体の中に生じてくることをちゃんと気づいて、呼吸に戻る。これは、仏典では、お釈迦様が座って、呼吸に注意を向けてということを自分でする方法で、仏教の修行法ですね。臨床心理学では、大抵誘導を用いて、セラピストがクライエントに対して指示をあげて誘導することが多いです。それで、よくクライエントが、「誘導を録音してください」ということが多いです。

　臨床心理学の治療の場合は、セラピストとクライエントの間に愛着関係というか、信頼関係が出てきますので、「先生の声の入った iPhone を持っているだけで気持ちが落ちつく」と言うクライエントも出て来ます。ジョン・カバットージンなんかも、当時、やはり録音を使っていますから、ある意味で、そういった配慮は必要ですよね。

　目指すべきゴールは、やはり自分1人でできるようになることですね。だから、慣れてくると、例えば、「電車に乗っているときにテープを聞いてもいいけれども、そのうち、自分1人でやって、うまくいくかどうかやってみてください」と言ったりします。自己効力感を上昇させる意味でもそれは大切だと思います。

質問者W　誘導しているとき、先生はクライエントのどこを見ているんですか。

大谷 全部見ています。クライエントを見るという力は、私は催眠で非常に鍛えられたので、「ともかく全部見ろ」ということです。上から目線で見るのではなくて、「対話している」と私はいつも思っているのです。例えば、「呼吸に注意を払ってくださいね」と言ったときに、どういうふうな返事をなさるだろうかなども全部見ています。「呼吸に注意を払ってくださいね」と言ったときに、目がピクッと動いたら、「ああ、何か今、目のほうで何かあったんだな」ということを見ていますし、いま、途中で被験者Lさんは、何回も呼吸のパターンが変わりました。そういったことをずっといつも見てやっています。

　こちらから教示を与えて、何かやる、というのではなくて、こちらがこういうふうなことを言ったら、クライエントさんはどういうふうに反応するかをいつも見てつぎに何をするかを考えているわけです。それで、無言の観察のなかにもいつも対話をやっていると思うのです。

　これはある意味で、若干、催眠的なものがやはり入っていると思います。ペーシングといいますが。

質問者X 「呼吸を安全弁にしながら、ほかのことに気づく」という手法をトラウマの体験を話すのにも使うとおっしゃったのですが、それはどういうふうにするのでしょうか。

大谷 注意深く入っていくのです。答えになっていないように聞こえるかもしれませんが、先ほど「トラウマの方にとって、基本の体験は自己の物体化だ」と言いましたね。そうだとすると、こちらのほうから、「これをしなさい」というのは、ある意味、物体化することになりますから、相手の方と、「こういうふうにやってみましょうか」という感じで、2人で共同でゴールを決めて、かつ「先生が、自分の前にいるからこそ、自分はできるんだ」と思ってもらい、安全性が絶対に確保されている状態を作ってからやるようになっています。

トラウマを統合するときに、自分1人で本当にだれも信頼できないということがないようにするということです。ジュディス・ハーマンが、「トラウマの治療はマラソンだ」と言ったのですけれど、長い距離、マラソンを1人で走るときに、「隣について走ってあげるよ、しんどくなったら、一緒に休憩しようね、道迷ったら、ちゃんと助けてあげるからね、水が欲しくなったら、水をちゃんと渡してあげるからね」という、そういった環境のもとで、いろいろ走りながら、「ちょっとつらいけれど、一緒に頑張ろうね」という形で持っていくのがトラウマ治療の本筋です。呼吸というのは自分でする活動で、しかも絶対に止まらない。しかも、私の声がクライエントさんの呼吸と考えで一緒になるということをやってまいりますから。「呼吸を使いながら、呼吸を道しるべ、道案内にしながら」と言いましたけれど、それが本当に、安全感と信頼感で絶対になるということです。

　　いつも、「不安が過度になったら、トラウマについて思い出すのをいつでもやめる自由がありますよ」ということです。テクニックとしては、簡単に見えますが、立体的な三次元になっています。

　　クライエントにとって、孤独感と非力感を乗り越えることが一番大切です。ゴール、到達点だけじゃなくて、途中でも「何があっても先生は自分と一緒にいてくれますよ」という体験を呼吸とともにやっていただいて、「もし、私があなたの周りにいなくても、自分が家にいて怖くなっても、テープがなくても、あなたの心の中に私の声はいつも入っていますよ」という狙いになっていきます。

★チョコレートを使ったマインドフルネス・トレーニングの概要

　　チョコレートのパッケージを開くときから、口に入れるまで、ひとつひとつをゆっくり進め、指先の感触や指先の感触によっ

て引き起こされる自身の考えに注意を向ける。その後、チョコレートを口に含むが、含んだときの味覚、感覚、嗅覚にひとつひとつ注意を向け、またそれらの感覚によって惹起される自分の想念にも注意を払う。チョコレートは口の中で溶けるなり、砕けるなりするが、そのときどきに生じる感覚と、それらの感覚によって起こる自分の考えに想念を向ける。何の想念も起こらないときは、想念が起こらないことに気づく。また、そのときどきの自分の身体の反応にも注意を向ける。その作業をチョコレートがなくなるまで続ける。

　ふだん、気づかずに過ごしていることに気づく訓練である。それをすることにより、前頭前野の活動と島(とう)の活動の分割の訓練ができる。

★チョコレートを使ったマインドフルネス・トレーニングのフローチャート

1° チョコレートのパッケージを開く。開きやすいか、開きにくいか、開いた瞬間どんな考えが浮かぶか、気づく。

2° チョコレートを口に含んで、その感覚やその瞬間心に浮かぶことに気づく。口の中の感覚、口の周囲の感覚、身体全体の反応に気づく。心に浮かんだことに気づく。複数のことに気づいたら、複数のことに気づいたことに気づく。

3° 唾液が出たか気づく。チョコレートをなめたか、噛んだか、気づく。チョコレートが口のなかのどのあたりにあるか気づく。

4° チョコレートを口に入れて何も気づかなかったら、何も気づかないことに気づく。

5° 目は閉じているか開いているか気づく。

6° 甘くて咳き込んだら、咳き込む前、咳き込んでいる最中、咳き込んだ後、甘さが替わるか注意する。

7° チョコレートが小さくなったら、自然に呑み込んだか、呑み込もうと意図して呑み込んだかに注意を向ける。

8°　自分の呼吸に注意を向け、ちょうどいいと感じるタイミングで目を開けてふだんの状態に戻る。

　これは、チョコレート以外にいろいろなものを用いることができます。
　MBSR をなさった方は干しブドウですね、これはジョン・カパットジンによる 1980 年代の初めの手法です。私はいつも大抵ピーナッツかアーモンドの入ったチョコレートを使うのです。一つ一つ分包してあるチョコレートが一番いいと思います。アメリカですと、大きな入れ物に入れて回すと、一番文句が出るのが、「スプーンがなかった」ということです。「数足りない」という文句も出ることがあります。血糖値の関係でカロリーの問題がある方もいらっしゃいますし、ピーナッツの場合は、ピーナッツアレルギーの問題があります、いろいろなことがあるので、そういった考慮が必要です。
　きょうは、問題なければ、私の言葉に従って、チョコレートを口に入れていただいて、すぐに食べるのではなくて、口に入れていただいて、感じることをすべて感じてください。口の中の感覚だけじゃなくて、チョコレートにまつわる自分自身の考え、思い出、それから、いろいろな感覚を味わってください。有名な般若心経の「無限耳鼻舌身意」という言葉がありますね。目と鼻と、耳と口と、それから肌の感覚です。いわゆる感覚器官、それから、意というのは意思のことで、心の中にわいてくることが自分の引き金になるということを言っているんですけれども、チョコレートのイメージ、チョコレートの香り、それから、体中に血糖値などの変化に気づくなど、いろいろ気づくこと、全部気づいてください。
　それで、気づきながら、気づいたら自分の呼吸にもう一度意識を向けてください。その繰り返しです。それだけです。

それで、ずっと呼吸のほうに注意が向いていれば、それでいいし、また、いろいろなことすべてのことが変わりつつありますから、その変わっていくことを刻々ととらえて判断するような考えが起こったら、それに気づいてまた呼吸に戻るだけです。

それで、ずっと最後のほうになって食べ終わったら、全部食べて、2、3回呼吸して終了になります。

★チョコレート・マインドフルネスの実演

じゃあ、パッケージを開けて、それでパッケージを開けるときに、すでに、どういうふうな感じがするか、どういうふうな考えがいま頭の中に浮かんできたか、パッケージを開けるのが簡単か、難しいか、そんなことにも気づいてください。【⇒フローチャート1゜】

で、それを口に含んだら、自分がいまどういうふうな反応をしているか、気づいてください。【⇒フローチャート2゜】

たんに甘さとか、そういったことだけでなくて、いろいろな反応、心の中に浮かんでくる考え、口の中の感覚、口の周り、あと身体全体、周囲のこと、どんな気持ちになるか、考えてください。反応は、必ずしも1つとは限らないので、いろいろなことが同時に起こってきたら、「ああ、同時に起こってきたな」ということを気づいてください。

知らず知らずのうちに、唾液が出て、チョコレートをなめたり、噛んだりするようなことがあったら、それにも気づいてください。【⇒フローチャート3゜】

チョコレートを口に含むことによって生じる雑念とか、そういったことが一番大切なのです。普段気づかないことにずっと気づいてください。ずっと、食べずに口の中に入れておくことができるかどうか、チョコレートが口の前のほうか、奥のほうか、右のほうか、左のほうか考えてください。普通そんなことは考えないですよね。

で、いろいろなことに気づいたら気づく。

気づかなかったら、気づかないことに気づいてください。【⇒フローチャート4°】

　目は閉じているか、開いているか、意識してください。【⇒フローチャート5°】

　意識しなかったことでも、ちゃんと注意を入れることによって意識化できます。非常にリッチな体験です。

　だんだんチョコレートが、口の中に溶けてきたら、どういうふうな反応をしたくなるかに気づいてください。【⇒フローチャート6°】

　「飲み込んでみたくなるか」とか「もうちょっと待ってみよう」と考えるとか、いろいろなことが反応として出てくるでしょう、そういったこと、ふつうは全然注意払いませんけれど、今、できる限り注意を払ってください。

　甘さによって呼吸のパターンが変わるかどうか、気づいてください。【⇒フローチャート8°】

　身体の特定の場所が反応しているかどうか、気づいてください。これをやることによって、咳き込む人は結構多いです。咳き込んだら、甘さが、咳き込む前、咳き込んでいるとき、咳き込んだ後、どういう甘さになるか。どういう考えが頭に浮かんでくるか。いろいろな自分自身、これが「自分自身を知る」ということですね。

　終わりのほうになったら、小さくなったチョコレートを自然に呑み込んでもいいし、自分で呑み込んでもいいですから、呑み込んで、それが終わったら、次はどういうふうな反応が出るんだろうと注意を向けてください。そうしながらだんだん終わりのほうに向かっていって、自分の呼吸にゆっくりやんわりと注意を向けて「ここで終了だ」ということが感じられたら目を開けてください、それで終了になります。

★意見交換

大谷　これは、自分自身に対して優しくなることです。

きょうご飯食べるとき、また今晩、歯を磨くとき、必ず異質のことに注意を払ってみましょう。当然、歩くときや座るときも。

　終わったら目を開けて、あと1分くらい、どういう体験をしたか隣の方とシェアしていただけますか。本当に自分の言いたいことだけで、言いたくないこと、言えないことはおっしゃらなくて構いませんから、ぜひ隣が3人の方は3人、2人の方は2人で、ぜひシェアなさってください。

大谷　（2、3分のグループでの話し合い後）どうでしょう、あと2、3分で終了になりますけれど、何かグループでシェアしたいという方はいらっしゃいますでしょうか。

被験者M　普段、こんなふうにチョコレートを味わったことがないと思ってしみじみいたしまして、3人とも違う種類のチョコレートだったのですが、チョコレートがなくなっていくに従って、「もっと食べたいな」となりました。

　気がついたチョコレートへの思いも新鮮だったのですけれども、自分自身が、今までこういった経験がなかったことにチョコレートを通じて感じることができました。

大谷　チョコレートと、チョコレートを食べた自分の、いわゆる2つがあるんですよね、自分に気づくことですよね。

被験者N　チョコレートが、溶かそうと思ったわけではなくて、自然に溶けていくということから、当たり前のことなのですが、自分の身体が熱を持っていることを改めて実感しました。

大谷　だから、これ、チョコレートがなくても、どんなことでもできるのです。例えば、今日ご飯食べるときに「どっちの顎でかむんだろう」「何回かむんだろう」とか、そういうこと、考えないでしょう？　シャツ着るときに、「普通は上からボタンをしめていくけれど、反対に下からしめてみる」とかね。

　一番やりにくいのは、例えば、どこかレストランに入っ

て、パイを注文して普通大抵の方は、先っちょから食べる
のですが、「後ろのほうから食べると、どういうふうな感
じがするか」というようなことですね。気づきですからね。
私たちは本当に自分の心の中に大切な宝を持っています。
気づくことはそれを発見することですから、ぜひ頑張って
ください。ありがとうございました。

本章は、岡本浩一・角藤比呂志（編）2017『新時代のやさしいトラウマ
治療——NLP、マインドフルネス・トレーニング、EFT、EMDR、動作法
への招待』（東洋英和女学院大学社会科学研究叢書4）からの転載である。

3章

坐禅瞑想法の現代的解釈と横隔膜マインドフルネス・トレーニング

岡本浩一
(東洋英和女学院大学教授)

★フローチャート

1° 椅子に深く座る。背もたれは使用しない。両手を別々に両膝の上に置く。

2° ゆっくり深呼吸をする。数回する。

3° 呼吸をしながら、自分の横隔膜の位置と状態をイメージする。息を吐くときに横隔膜が上がり、吸うときに横隔膜がそのペースで下がるところをイメージする。

4° 吐くとき、ふだんの呼吸で横隔膜を上げていると思っている位置より一段高い位置まで横隔膜を上げ、吸うとき、ふだんの呼吸の位置よりさらに低い位置まで下げるということをイメージする。そして横隔膜が上がるにしたがって、呼吸から出る温かい「気」、赤色「気」が手のひらとズボン（スカート）のあいだに回り込んで手のひらが温かくなるというイメージを持つ。

5° その状態をやめるときは、両手を両膝から上げて両掌を

摺り合わせ、手の感触を確認する。

表 3-1 「坐禅の現代的解釈」の見取り図

禅宗での禅行の前提
なにかの「メリット」「心理的効果」を目指すものではない。禅宗では、坐禅をしている姿そのものが、人間本来の「仏性」の顕現であると考える。したがって、本来的には、禅行の「蓄積」や「努力」やそれによる「人格変容」などを目指すものではなく、「自分がいまここに『ある』」ことと「いま自分が坐禅をしている」ことが同義であることを実感することに尽きるという価値観である。「悟りを目指す」のではなく「坐禅している姿そのものが悟り」あるいは「悟りたいと考えたことそのものがすでに悟り」であるというような文言が多く見られる。

坐の方法論
本来は、結跏趺坐。背筋が鉛直になり、左右前後に傾かないことが肝要。しかし、そのための細かな方法論の議論が膨大にある。

臨済宗での修養の方法論：たがいに向き合って坐す。
1. 数息観：吐く息を「ひとーつ」「ふたーつ」と数え、「とおー」まで行ったら「ひとーつ」に戻って繰り返す。もっとも基本となる坐法。
2. 「なんそ法」：本書4章で取り上げてある。
3. 「随息観」：吐く息を「ひとーつ」「ひとーつ」と数える。

臨済宗での修養の補充的な手法
1. 公案。論理を超えた設問を課し、正解するまでつぎの設問に進むことを許さない。公案の例は「人にも森羅万象にもすべてのものに仏性が宿るというが、では、犬に仏性があるか」「拍手をした音の右手だけの音を聴いたか」など。公案は、「無門関」「碧巌録」など書物として整理され、1500則ほどあるとされる。これを受ける者は、答えを答える前に、設問を漢文でまず丸暗記することを求められる。各問題には正解と付属問が存在するが、回答は非公開。
2. 乞食行
4. 掃除、作務などの日常。
5. 読経
6. 典座、食事作法
7. 歩行（経品と呼ぶ）

曹洞宗での修養の方法論：面壁
1. 只管打坐

曹洞宗での修養の補充的な手法

2.	清規
3.	掃除、作務などの日常。
4.	読経
5.	典座、食事作法
6.	歩行（経行と呼ぶ）

　本章では、古来からの坐禅をマインドフルネス・トレーニングの視点で紹介、考察したいと考えています。

　禅宗では、「教外別伝」と言って、言葉で教えることを諫めるのですが、ここでは心理学的考察に必要なことをあえて書いております。私は、品川の東海寺の檀家をしています。東海寺は三代将軍徳川家光公が創建なさり、沢庵宗彭を開祖として迎えた大徳寺派の別格大本山で、長く続いている坐禅会があります。歴代の和尚様が指導をなさっている坐禅会で、私は30年足らず会員として坐禅をし、会の世話人をするようになって15年になります。

　禅宗というと、「禅宗だけが坐禅業をする」という印象を持つことが多いと思うのですが、そうではないです。ほかの宗派、お経主体の宗派も含めて、禅というのはどこでも共通に大事な修養法なんです。座ってするから坐禅ということで、その他、場合によっては立禅、立ってする禅行、あるいは歩禅、歩くことによって禅教に達しようという手法もあるやに聞くわけです。

　一般に仏教の宗派というときには、「宗派は横並びだ」と考えることが多いと思うのですが、実はおそらくそうではなく、歴史的なことを含めて、宗派の間には上下関係、あるいは包括関係と見られる関係があります。

　例えば、天台宗が概ね1番上みたいに考えられていて、天台宗で修業をして、ある程度まで進んだ人が他の宗派に変わると、初めからあるスタートラインが実質保証されるように聞きます。確かではありませんが。天台宗が修行のレパートリーが1番多いわけです。何十年かに一人、千日回峰行を満行される方が出てこられる。酒井雄哉阿闍梨がそのおひとりですが、

千日回峰行も天台宗の中に含まれている修行法です。

　岩波文庫に『天台宗小止観』という本がありますから、天台宗にご関心があれば、それをご覧になるといいわけですが、天台宗の場合、禅宗でいう坐禅に当たる修養法は「小止観」と呼ばれていて、その方法が述べられている章があります。専門家から見ると、「小止観は厳密には坐禅とは違う」「細かいことが違う」「いや、同じだ」というような議論があるでしょうが、ここの説明は、そのような細かいところを一旦些少した説明としてご理解ください。

　密教の1つである真言宗には「阿字観」という修養法があります。うちわに「阿」の字が草書で書いてありまして、それをスタンドみたいなものに立てて、その「阿」の字が書いてあるうちわを見つめながら、瞑想をする。厳密な議論としては「瞑想か、瞑想でないか」という議論が生じると思いますけれど、「阿字観」というのが、主要な修養法のひとつであるわけです。

　あまり立ち入った話はしないようにしますけれど、例えばオウム真理教は、「アウム」という字があって、その字を書いたうちわを見ながら坐禅みたいなことをするという修養方法になっていたと読んだことがあります。「アウム」というのはヨガでも使うことがある言葉ですが、古い時代にインドあたりで生じた修養の伝統が、ヨーロッパへ西進して「アーメン」という言葉の「ア」になり、東進して阿字観の「阿」、「アウム」などになった可能性もあるように感じます。

　禅宗の場合、天台宗のように多種の修養法をしないで、「坐禅だけしっかりすれば、そのほかのことをしたのと同じような効果があるのだ」という大きな仮説のもとにできている修業の体系だというように私は理解しております。

　お経を主体とした仏教の場合には、読経をすることによって、極端に言うと「読経だけを十分にすれば修養になるのだ」というような感覚の宗派もあるわけですが、それと似た形で「坐禅を専らすれば良いのだ」というのが特徴の仏教が禅宗だと理解するのがいいのではないかと思っております。

ただ、宗教の場合、「効果」というのは、人間性の追求という大きな目的のもとでは浅薄な目的にすぎないことをどこか念頭に置いておくことが必要だという指摘を小さな声でしておきます。癒しの効果が宗教の本来の目的ではありません。

　「坐禅をしている姿、坐禅をしている心の相そのものが実は人間本来のあり方なのだ。それを確認するだけなのだ。それを確認することを人生の主題にしていくのだ」というのが禅宗仏教における宗教的な感覚であろうと考えています。

　もちろん、「マインドフルネストレーニングによって個性を発揮しよう」「頭のいい人間になろう」という目的もありえますが、宗教的に見ると、「頭がいい」ということは、大して価値のあることではないので、そういうあたりの根本の価値観は違うということは、念を押させていただく必要がありますが、その前提でお話をすると、今のようなことになると思うわけです。

★禅宗の座り方

　禅宗がどういうふうに分かれてくるかについて、私見をすこしお話しをしておきます。

　まず、座の方法論から。坐禅は本来は結跏趺坐です。結跏趺坐というのは左の腿の上に、右の腿を上げて、左をもう一遍上げる座り方です。我々素人が坐禅をする場合、そんなふうに両腿を揚げるのは無理なことが多いのですので、半跏趺坐といって、左だけ右に上げる、あるいは、右だけを左に上げるということを許容しているようです。本職の場合には結跏趺坐です。多分、結跏趺坐が身体の姿勢が1番左右対称になりやすいので、結跏趺坐ができればそれが合理的なのだろうと思います。

　結跏趺坐でも半跏でも、いったん座った状態で、自分で左に傾く、右に傾く、後ろに傾く、前に傾くというふうにして中心を探して、そこにスッと体を置くと理想的には、ちょうど

天井から糸を垂らした場合のようにまっすぐな感じになるわけです。

　座り方も細かいことを申しますと、臨済宗の場合には、下の右の写真のように手を組みます。

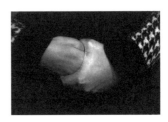

　右の手のひらの上に、左の手のひらを組む。曹洞宗の場合には左の写真のような組み方で、指を組み合わせて、親指をこういうふうにします。

　臨済宗の坐の方法は、「数息観（すそくかん）」が基本です。吐く息を、「ひと〜つ」「ふた〜つ」と数え、「とお〜（十）」までいったら、ひと〜つに戻るわけです、だんだん上手になってくると、ひと〜つが1分くらい続くというような感じになるかなと思います。

　これは、呼吸を整える効果と、もう1つ大事な効果があって、それは心理学の言葉で言うと、数を数える作業でワーキングメモリーを占有して使わせないということになるかと考えています。迷いや妄想はワーキングメモリーの中で起こってくるわけです。今は脳の中である程度部位も特定できているわけですが、ワーキングメモリーは、我々が35+13という計算をしようと思うと、「35」を覚えていて、「13」を覚えていて、うーんと頑張って、「48」という結果が出てくる直前まで、「35」と「13」が入っている場所です。こういう計算をしているときの「脳の中の体感」を自分で探ってみると、ああこの辺を使っているなということが自覚できることがあります。試してみられると良いと思います。

　ワーキングメモリーは、「通常7チャンクしか容量がない」「2秒くらいで揮発する」というのが基本的な特徴です。これを

「容量的制限」と「時間的制限」と言います。昔、携帯電話が普及する前、家に1台しか電話がないときに、2階の部屋にいて、友達に電話をかけようと思って、階下に下りていくわけですが、下りていく間、その電話番号を2秒以上覚えていられるのは、電話番号を2秒以内に頭の中で繰り返しているからです。ですから、途中でだれかに会って話しかけられたりすると、電話番号を忘れてしまいます。それは、話しかけられた内容がワーキングメモリに入るので、先に入っていた電話番号の記憶が揮発するという現象が起こるからです。

　「ひと～つ、ふた～つ」と数えることによって、ワーキングメモリーを占有する作業をして、邪念が起こらないようにしているのだと思います。

　「なんそ法」というのは本書の4章で詳しくお話します。

　もう1つ、「隋息観」という方法を用いることもあるようです。それは吐く息を、「ひと～つ、ひと～つ」と数える方法です。

　必ずしも、坐禅の方法というわけではないですけれども、臨済宗には公案があって、いわゆる一休さんのトンチというふうにマンガにもなっています。公案はきちんと整理されていまして、順序や位置づけが決まっています。1500則ほどあると伝えられます。有名な「紫衣事件」が江戸時代の初頭に起こりましたとき、「1500則全部突破した人以外には紫衣着用の許可を幕府が与えない」ということを徳川幕府が定めようとして、沢庵和尚含む三人の高僧が、それに反発して島流しになるということが起こったのです。

　ごくごく初歩のものの例をお話しします。

　例えば、今自分が「狗子仏性」の公案を抱えているとします。普通これを抱えると2年くらいかかるようです。師匠のところに行きますと師匠は何もおっしゃらずに「で？」などと言って答えを促されるわけです。そうすると、自分が抱えている問題をちゃんと暗記していないといけないので、座った状態で、「趙州和尚、因みに僧問う、『狗子に還って仏性有りやなしや』」というようにまず問題を言うわけです。そして、「有（あり）」

とか「無」とかいうと、いきなり叩かれたり、あるいは、「付則」といいますけれど、そこから派生する問題をさらに問われたりりする。

例えば「趙州和尚、狗子仏性」の公案は、「無」が標準的な回答になっているようですが、「有」で通ることもできると聞いたことがあります。「無」と答えると「無」の場合の付則があって、それを全部突破しないといけない、「有」と答えると、「有」の場合の付則を一貫性のある回答内容で全部突破しなければいけない。ワンセットで突破して初めて「通った」ということになるのかと思います。

また、通るかどうかは、論理だけではなくて、回答態度、声の調子、そういうものが全部入ります、そういうような仕組みになっていて、通常の人は、そこまで命がもちませんが、「それを1500則突破しなさい」ということです。

歴史的に見ると、これはなかなか厳しい試験だということと同時に、実は堕落の原因だというような状態が生じていたこともあったようです。つまり多少安易でも公案が通ったとみなせば、修行不十分な人でも地位が高くなる。おそらく、そういう状況に対する反撥みたいなこともあって、中国では大変歴史が古く、日本の曹洞宗が始まる以前からあった考え方ですけれど、曹洞宗が出てきたのだと思います。そこでは只管打坐という考え方が、強く推されることになります。

先ほど「座り方が違う」ということを申しましたが、臨済宗の場合、座っている人同士が向かい合って大きい輪になって座りますが、曹洞宗は面壁と言いまして、お互いに背中を向けて輪になるので、自分の目の前には壁しかないのです。しかも、いつも自分の場所は同じですから、来る日も来る日も同じ壁を見て坐禅をすることになります。

仏祖から28代目に達磨和尚という方がいらっしゃいます。実はお釈迦さまが本当にいたかどうか、歴史的には確認できないのだそうです。どの辺から確認できるかいろいろな説があってそこに深入りしたくないのですが、達磨という人が28

祖として実在していたことは確実で、坐禅しすぎて手足が壊死してしまったと伝えられます。面壁9年などと伝えられますから、そんなに座っていたら、そうなるかもしれません、1日に10数時間坐禅する接心という行事がありますが、足が紫色になってきて触っても何も感じなくなったりします。「これをずっとやっていると、本当に医者に行ったら切断ということになるのではないか」と恐怖を感じるようなことがあるわけです。

　東京方面では、駒澤大学の日曜坐禅教室、あるいは泉岳寺の坐禅教室にいらっしゃると曹洞宗の面壁です。臨済宗みたいな座り方だと一応景色が見えます。窓が開いていますので、そよ風で葉っぱの揺らぎが見えて、そういう風景が少し慰めになったり、不純な動機ですけれど、例えば自分の目の前に座っている人が、少し痛そうな顔をしてくると、「あいつよりは頑張ろう」と競争心みたいなものが自然に触発されて、頑張れるところがあるのですが、面壁で座ると目の前の壁に木目があって、そこしか見るところがないので、「同じ時間の坐禅でも、面壁のほうが気持ちの上でもきつい」というのが私の感じですし、他の人もそういうふうに思うことが多いようです。そこが曹洞宗と臨済宗の違いになるでしょう。

　その他は、仏教では、「坐って修養しているときだけが修養ではない」という考え方ですので、表3-1にも書きましたように、掃除、作務は修行の一環と考えられていて、非常に重要です。お手洗いを使うのも全部作法があり、それを外れたらかなり強くお叱りを受けます。今でも多少体罰が残っているのではないかと想像しますが、「そういうようなところが、人間形成に大きいのだ」という考え方だと思います。

　例えば、畳の上を歩くときに、畳の縁は絶対踏まない、足音を立てない。昔は、足音を立てている人の足を叩きました。足音を立てなくなるまで、叩いて指導するので足音がしなくなります。私は足音しません。よく学生がパソコンで統計分析しているとき、後ろから助けに行くと、足音がないので学

生が気づかないで、「うわっ！」となるのですが、足音を立てない習慣が身についてのだと思います。

　雑談になりますが、そういうことをやってみると、「足音がする」はじつは俗念を足音で表現しているのです。足音は、自己確認の役に立っているのです、人間はすごく自己確認する動物です。

★自己確認の習慣

　リストカットする人がいますけれど、リストカットのひとつの機能は自己確認だと思います。切った人は、「きょうは案外痛くない」「いつも同じところを切っているのに、きょうはたくさん血が出た」「きょうは案外血が出ない」とかの小さな差異をいわば楽しんでいて、そのことで「きょうの自分」というものを自己確認しているのです。そういう意味で1日に1度、自分の運命占いをトランプでやらないと気が済まない人がいますが、それと似ているところがあるわけです。

　そういうことでいいますと、今、私は話をしていますが、自分の声が自分の耳に聞こえているというのも実は自己確認なのです。さっきマイクの具合が悪くて、自分の声が若干遅れて聞こえていたのです、そうするとすごく不愉快ですが、その理由は、自己確認という心理的、認知作業を妨害される部分があるからです。

　足音の大きい人というのは、足音によって自己確認をしている面があります。足音がしない人間になってくると、だんだん自己確認をしないで済む人間になる、自己概念が音によって確認するようなイメージではなくなっていく。自分の中でそういう変化がないと足音がなくなる状態に達しないのです。

　そういう意味で、「佇まいが静かだ」ということは仏教的には大変大事なことです。臨済宗の食事では、タクワンと粥しか出てこないのですが、タクワンの音を立ててはいけないと教えます。「タクワンの音を立てない」というのはなかなか難

しいことで、方法論的に説明するのがいいかどうか知りませんが、タクワンを口の中にためて、唾液とかお粥の水分で、タクワンを先にふやかして、噛むときに、ジワッと噛む、音がしないように押すように噛む、そういうことをしていると、タクワン1枚に20分くらいかかります。

　それをしてみると、通常の食事ではタクワンを噛んだときにちょっとした快感があることに気づきます。その快感は、タクワンを噛む体感や音に対する広義の自己確認です。「ああ、今俺はここでとりあえず食べている」「お腹空いているのが、ちょっと癒される」というようなことも含めて、「自己確認をして安心する」という意味があることに気づきます。音を立てないでタクワンを食べられるようになっても、無性に音を立てたくなったりするのです。そういうような部分も、全部自己の制御下に置くということが、1つの大きい意味になってくるのかなと思います。

★坐禅の手法から創った「横隔膜マインドフルネス・トレーニング」

　臨済宗の坐法を心理学的に解釈してみると、ひとつは、ワーキングメモリーを何かで常に満たすということがあると思われます。数息観や随息観は、数字の記憶でワーキングメモリーを占有する手法と解釈するわけです。そこに本書1〜2章で述べたマインドフルネス・トレーニングの「何かが気になる状態を積極的に維持する」という機能を加えたやりかたができないかと考えて着想したのが、本章でご案内する「横隔膜マインドフルネス・トレーニング」です。

　今日のセッションでは、1つでも多くご案内したいので、いつも生理的測定をしてくれている小林さんに、自分で測りながら被験者をしていただくことになっています。

実習

岡本　私は小林さんを誘導しますが、よろしければ、Zoom
参加の皆さんもご一緒に試みていただきたいです。ただ、
実はこれは、自分の体の一部についての想像を利用するの
で、そういうことに非常に敏感な方は、ちょっと途中で息
苦しくなるかもしれないので、その場合はやめていただい
て、こうやって伸びをしたりして、体の別の部位に力を入
れて、一旦切っていただきたいと思います。心拍と皮膚温
を測定してもらいます。

　着想のもとは、ここに書いてある数息観、隋息観で、どち
らかというと隋息観に近い方法なのですけれど、自分では
うまくいくのですが、うまくいくかどうか。

　皆様方も、できるだけ背もたれに背をつけないけれど、
なるべく深く椅子に腰かけ
ていただきまして、手は右
手も左手もつながないで、
両膝の上に置いていただく
か、あるいは、この前の重力
をやったときみたいに（本
書5章）、椅子の具合によ

りますが、体の真横に下に向かって垂らしていただけるか、
どちらかの姿勢を取っていただきたいと思います。

岡本　そうしたら、手をこういうふうに、しっかり座っていた
だいて、もたれないで、鉛直方向を意識して座っていただ
きたいのです。坐禅のような気持ちでやっていただくので
すが、自分の呼吸に集中するのではなくて、自分の横隔膜
の状態を想像してほしいんです。自分の横隔膜というのは
見たことがないと思うんですけれど、「この辺にある」と
普段実感できますよね。

　スーッと気持ちよく息を吸っていただいて、スーッと吐
いていくときに、横隔膜が上がっていくところをビジュア

ルに想像してほしいのですね。上がっていくと、普段、この辺まで上がるという状態までいきますが、そこからさらに上げていく。……さらに上げていくと、上がっていくに従って、少しずつ気持ちが落ちつく感じが出てくる。

小林 すみません、呼吸は?

岡本 吸いたいときに吸ってください。呼吸を遅くしようとか思わないでいいです。

小林 意識は横隔膜、横隔膜の上げ・下げに置くのですか?

岡本 横隔膜だけ想像して、自分の普段のペースで結構ですし、自然に遅くなってくるかもしれませんけれど、私は呼吸を見ていますから。

　今度は2回目、横隔膜が上がっていくときは、普段の位置から上がっていくと、それに従って、だんだん手のひらが温かくなってくる、ずうっとですね、この辺が上の限界だとなったら、また吸っていただいて。

　「吸う」から「吐く」に切り替えるとき、横隔膜を鋭角的に上に上げるのではなくて、フワッと切り替えてください。マスクを外してもらっていいですか、呼吸が見えないので。

小林 (やってみて)これでいいですか。

岡本 はい。……吐く方向に、普段よりたくさん動かす。「普段、この辺で息を吸うほうに替えているな」というところよりも、もう少し2割くらいたくさん動かしてください。ただし、苦しくなるほどはしないのですよ。苦しくならない程度に呼吸をしながら、横隔膜の位置みたいなものを自分で思い出す、普段よりたくさん吐いているときに、その吐いた差分の分、手のひらが温かくなってくるはずなのです。

【小林被験者、呼吸を遅くしている】

　手のひら、少し温かくなってきました?　まだですか、もう少し?　温かくなってきたら、ちょっと指か何か上げて教えてください。

【実践中】

　　頑張りすぎると、呼吸を切り替えるとき、横隔膜をキュッと動かすようになるから、そこまでは頑張らない、フワッと横隔膜を切り替えられるくらいの感じで、横隔膜の位置を少し長くして、温感出てきました？

小林　そうですね。

岡本　そうすると、その温感を、普段よりも呼吸をたくさん吐いている横隔膜の位置の分、温感が少しずつ上がっていく、ポンプみたいに。そういうイメージでやってください。そうすると、だんだん温かい手のひらの部分が広くなっていて、私なんか、もう今手首のあたりまで温かいんですね。

　　（生理的計測を見て）ああ、出てきますね、結構きれいに。

　　自分のペースだと、3回くらい今の呼吸をしたら、自分で状態を切断して、元の状態に戻ってください。

　　ちょうど、さっき私が「元の状態に戻ってください」という話をしたときトップくらいで、それを言ったらサーッと下がってきますね。

　　感想をお伺いしていいでしょうか。

小林　横隔膜の使い方、呼吸がちょっと慣れていないので、そこに意識が向き過ぎて、自然ではなかったですね。最後の1分くらいが、割と自然にできたかなという感じです。

岡本　最後の1分くらい、自然にできるようになる直前に、何かが、発想の切り替えか何か小さく起こったと思うんですが、どういうふうに了解を変更したんですか。

小林　そうですね。最初、腹式呼吸に慣れていないので、逆にやってしまったりとかしていたのですが、だんだん、それが体がわかってきた。もう少しやると、もっといい感じでできる気もしました。

岡本　生理的測定を自分で解説してください。

小林　グラフは実践中の心拍の変化を示しています。後半に

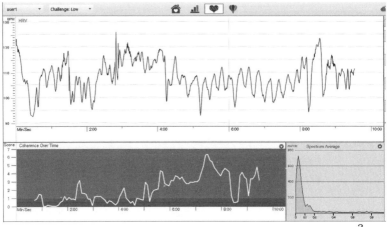

図3-1　横隔膜瞑想法の生理測定（心拍）グラフ

　　入り呼吸法が安定してくると、呼吸に同期した心拍の変動
　　が規則的に現れ、また心拍数も下がっているのが解ります。
　　　また、同時に測定してた皮膚温もモニターにより上昇傾
　　向にありました。

岡本　Zoomでいっしょにやってくださっていた方、ちょっ
　　と皆様方の感想を伺ってみていいですか。どなたかご意見、
　　「自分はこうだった」とか、あるいは質問とかおありの方ど
　　うぞ、この人数ですから、ご随意にご発話ください。

K　とても心地よかったです。手の温かさは感じたのですが、
　　逆に足の冷たさが、そのうち際立ってきたというか、そう
　　いうことというのはあるんでしょうかね。

岡本　身体で温かくなるところと冷たくなるところが別々
　　になるという、そういうことはあまり起こらないと思いま
　　すが、それが起こったのは、ちょっと怖いですね。早い時
　　期、例えば、きょう中くらいに、もう1度おやりになられて、
　　手の温感を自分の頭の中で足に移す、あるいは手が温かく
　　なってきたら、その次は、その横隔膜の移動に沿って、手の
　　赤い色みたいなのが足のほうに動いていくというような
　　イメージをつくって、順次、足のほうも温かくなるような

条件づけを、なるべくでしたら、きょうのうちくらいになさっておいていただくほうがいいと思うんです。

　「手が温かくなって、足が冷たくなる」というのは、身体的なコンフリクトになりますので、なるべく両方温かくなるような状態に、きょう中にしておかれるのが、のちのち安全かと思います。

K　わかりました、ありがとうございます。

岡本　Oさん、いかがだったでしょう。

O　私は結構うまくいったんですけれど、「横隔膜を上げる」というより、「吐く息に注目して」といったほうが、私のほうは集中できました。「横隔膜に注意する、下げる」というのは、一応下げましたけれど、「吐く息を自然にできるように」と自分に言い聞かせていましたら、両手が温かくなりました。

　その後、私のワーキングメモリーが悪さをして、「小林先生、どうなっちゃうのかな」と不安になってきました、「このあと、どうなっちゃうのかな」と。

岡本　それが先ほど申し上げた現象的なマインドフルネスという、状態なのですよね。

O　そう、そう、「それも一緒だったのかな」と思って、はい、どうもありがとうございました。

岡本　私の友人で、英語がよくできる人がいて、出版社に勤めているのですが、その人が、「どうしてマインドフルネスという名前のトレーニングがあるんだろう」と思ったそうなのです。それが多分普通の英語の感覚なのだと思うんです。「mindful」というのは、どちらかというと、worried みたいな、「心配だ」という言葉なんです。

　でも、大谷先生の本をちゃんと読み直したら、「いや、その状態を自分で積極的につくっていくのだ、そのことによってコントロール可能なマインドフルネスの事態によって、制御しにくいマインドフルネスの事態に置き換えていっているのだな」ということに気がつきまして、まだ、

その話を大谷さんとはしていないのですが、また来年、大谷さんに意見をご報告できたり、あるいは一緒に参加してもらったりもできるかもしれません。

　ほかの方々、いかがだったでしょうか、もうおひと方か、ご質問なりあれば、承りたいです、それがないようでしたら、もうしばらくして、小林さんに替わります。

★リズムとマインドフルネス

　その前に、少し話題で残っていたことがあります。実は小林さんのほうで出てくる、1つのトピックなんですが、いわゆる「リズムによってある心理状態をつくる」ということです。

　例えば、全然別の話ですが、私は音楽の勉強もしていて、エレキギターをプロの先生のところに習いに行っています。軽音楽というのは、リズムの楽しさによって人の心を整える、そういう要素もあって音楽というのは伝えられてきた面があるんだろうと思います。

　さっきお経の話をしましたけれど、仏教の場合、お経のリズムということが、実はかなり大事なんですね。東洋英和はキリスト教の学校だから、どうかと思うんですが、ちょっと私のお経が上手かどうか、また別問題ですよ。ですけれど、お経の本当のというか、あまり本当のお経というのはお聞かせしないので、ちょっと本当のリズム、音みたいなものを、少し聞いていただこうかなと思うんです。

　「般若心経を全部読んだ」とか、学内で噂が出ても嫌ですから、途中で切りますけれど、ちょっと聞いてみてください。

　お経の読み方も、臨済宗と曹洞宗で少し違います。臨済宗の中でも、宗派によって少し違うんです。例えば、息子さんが違うところで修行をして帰って来て、親子でやろうとすると、お父さんと合わなかったりするんです。

　これは大徳寺派のメロディになりますが、途中までお聞きくださいませ。

摩訶般若波羅蜜多心経 観自在菩薩 行深般若波羅蜜多
時 照見五蘊皆空 度一切苦厄 舍利子 色不異空 空不異色
色即是空 空即是色 受想行識亦復如是 舍利子 是諸法空
相 不生 不滅 不垢 不浄 不増不減 是故空中 無色 無受
想 行 識 無眼耳鼻舌身意 無色 声香味触法 無眼界 乃至
無意識界 無無明 亦無無 明盡 乃至無老死 亦無老死盡
無苦 集 滅道 無智亦無得 以無所得故 菩提薩埵 依般若波
羅蜜多故 心無罣礙 無罣礙故 無有恐怖 遠離一切顛倒夢
想

　大体こういう調子のものです、これは260文字ほどしかな
いのですが、いわゆる仏教の哲学をみごとに要約しているの
です。唯識論という仏教の考え方を今の目で読んでいると、
認知心理学に近い面があるように、私は感じるのです。

　ですから、これはこういうリズムで読んでいて、しかも漢
字は象形文字で意味を含んでいますので、このリズムで、そ
の意味を追っていくことが、1つの心の状態をつくる、音と意
味が、いわゆる、「I'm mindful of 〜」のofの目的語になる、そ
ういう構造にはなっているわけです。

　和語のお経もありますけれど、そういうふうなリズムをつ
けて唱和するということがあると思うんです。

　歌もそうですけれど、もう1つは、最近ミラーニューロンの
活動がどんなふうになっているか、随分詳しく非侵襲的な方
法で測定もされているわけです。ミラーニューロンというの
は人のまねをする、上手に人のまねができると、ミラーニュー
ロンの局在する場所で快適なホルモンが出るということが、
どうもある程度、確からしいわけです。

　ですから、例えば、人間は、何かみんなで、こうやって歌を
歌ったり、校歌を歌ったりあるいはシュプレヒコールをした
りすると、いい気持ちになる。それは恐らくミラーニューロ
ンの場所が快感中枢に近いということと関係しているんだろ

うと思うわけです。

　お経の場合も複数人で唱和していき、しかも今のリズムで叩き物を叩きますので、それが、その人の快感を生むということも、恐らく事実なんだろうと思うわけです。

4章

なんそ法

岡本浩一
(東洋英和女学院大学教授)

★「なんそ法」フローチャート

1° 椅子の背もたれを使わずにまっすぐ座り、両手を両腿の
　上に置く。

2° 2度深呼吸をする。眼は半分または全部閉じる。

3° 頭頂部に「なんそ」と言う仮想の膏薬の球を載せたと想像
　する。

4° なんその載っている頭頂部をまっすぐ立てる。

5° なんそが体温ですこし溶けて、淡い色の湯気をうっすら
　放ちながら、顔のほうに流れるのを想像する。

6° なんそが流れてくると、良い香りがして、なんその流れ
　たところの緊張が抜ける。

7° なんそが、額、眼、鼻、口、顎と垂れて流れ、首、肩、
　胸、背中とすこしずつ流れる。

8° 流れたところの緊張が抜けながら、みぞおち、腰、膝
　……と足首まで流れる。

9° 全身がなんそに包まれたら、なんその香りのなかで全身

4章 なんそ法

の緊張が抜ける。
10°十分になんそを味わったら、眼を見開いて、拳を握ったりして、瞑想を脱する。

講義

　今回ご紹介する「なんそ法」というのは、禅宗の臨済宗中興の祖と呼ばれる白隠禅師が創始されたと伝承される瞑想法です。それを実演するまえに、その背景などのご説明をします。
　禅宗は、主に曹洞宗と臨済宗の二つがあります。臨済宗の本職の僧侶になるための坐禅の方法論には、大きく分けて数息観という座り方があり、他に、思考課題を与えて考えさせる公案というものがあります。

★臨済宗の数息観

　数息観というのは、吐く息を「ひとーつ」「ふたーつ」と数えて、「とおお」まで行ったらまた「ひとーつ」に戻るという方法です。これを繰り返すわけです。禅僧の場合は、このやり方で、容易に一呼吸が一分くらいまでゆったりした呼吸になります。本職の雲水でない私どもですと、一呼吸が30秒くらいが目標でしょうか。
　数えているうちに、いま「ごお」だったか「ろおく」だったかわからなくなるというようなことがよくあります。そのような場合は、「ひとーつ」に戻るのです。調子の悪いときは、「ひとーつ」「ふたーつ」ばかりを往復するようなときも実際あります。
　隋息観というものから入門させる坐禅教室もあります。これは数が上へは繰り上がっていかないで、「ひとーつ」「ひとーつ」「ひとーつ」とやるわけです。結局、数息観の場合も、隋息観の場合も、上手になってくると呼吸数が落ちてくるので、ひと呼吸、短い場合で30秒、慣れてくると1分を少し超えるよ

うになるのです。そうすると1分間の間、その記憶をずっと維持していかなければいけないので、要するに、「ものを考えなくする」ということ、数の処理ということによって、意識を拘束するという効果があるのではないかと思います。

★公案

　臨済宗で、よく知られているのは公案禅です。これは問題を1つ与えて、師匠と一対一で対面して、答えを言う。大体だめなので、だめだと木のものでパーンと叩かれて、すぐ出ていかなければいけない。これを大体、きついときは1日3回とか4回やるわけですが、だんだん答えるネタがなくなってきて、行きたくなくなるのですが、そういうときでも、庵主が2人がかりで、無理やりにでも連れて行かれるということで、かなり荒いことになるわけです。

　例えば、「犬に仏性があるか」という公案があります。また、こうやってパンと両手を打ち鳴らして、「右手の音が聴こえたか？」というものとかあるわけです。公案の問題は全部公開されております。きちんと数えたことはないですけれど、多分全部で1500題くらいあるのです。問題は全部公開されていますけれど、答えを公開してはいけないことになっていて、過去に答えが書かれている本が出されたことがあり、そういうものをわかる範囲で見ましたけれど、必ずしもきちんとした答えが書いてあるわけではない、「ちゃんとわかっている人は、そういうものを書かないものなんだろうな」と思いました。

　きょうは、こういうものとは別の、しかしながら、割合やりやすい「なんそ法」というご案内をいたします。いつものように被験者をお願いしておりますので、被験者の方は、生理的な測定も含めてやっていただきます。

★「マインドフルネス」という言葉の意味

　今、日本でマインドフルネストレーニングの本がたくさん出版されています。それらの本を見ていると「マインドフルネス」という言葉をよい状態のように考えているように思えますが、少し違うように感じるのです。英語だけで考えると、「I'm mindful」という構文は、愉快な状態ではありません。「I'm mindful of〜」というフレーズがありますが、これは「これが気になって、気になって仕方がないよ」という状態を指します。何かの心配事で、気持ちが落ちつかないということです。

　足の裏にご飯粒がついていて気になってしかたがないような感じがマインドフルネスです。何か気になってしかたがない、ご飯粒が取れたら、すっきりして歩けるというような「気になり方」がmindfulです。

　ですから、マインドフルネストレーニングというのは、もともと瞑想だけをすることではないのだと思います。数年前、これは私ども2017年に出版した本学の研究叢書『新時代のやさしいトラウマ治療』に大谷先生が書いておられる手法があります（本書2章に再掲）。それは、小さなチョコレートを口に入れて行うマインドフルネストレーニングです。「まず、チョコレートを感じ始める。初めのうちは、チョコに角があることがわかる。しばらくすると溶け始めてだんだん角がなくなってくる。チョコレートの匂いが鼻に広がっていく」というような気づきを1人の被験者相手に誘導していかれて、気がついたら自己催眠のような状態に達しているという方法です。

　大谷先生のマインドフルネスの本『マインドフルネス入門講義』（金剛出版、2014）を読んでみると、例えば、お米を使って同じようなことをしておられます。「生のお米を口に入れる、生なので初め硬い、それがだんだんふやけてくる、角がなくなってくる、だいぶするとお米の匂いがしてくる、お米の甘い香りがしてくる」という具合にずっと気がつくことが変化していきます。「その変化を追いかけることによって、いわば精神

集中をする、ある心境に至ろうとする」というのが実はマインドフルネスなのです。

　ですから、マインドフルネストレーニングが目指す状態は、数息観が目指す状態などとは少し違うだろうと思うわけです。私はそれについて、それが認知の中だけでできないのだろうか、どうしてもチョコレートなり、米なりを口に入れないとだめなのだろうかと思うのです。古典的な方法をいろいろ調べていたら、「なんそ法」を見つけました。なんそという想像上の膏薬を頭の上に置いて、それがずっと溶けて、自分の顔を伝わって、首を伝わって、体をおりていくということをやると、同じような状態に至れるのではないか

　ということは、妄想というのもマインドフルネスの1つの状態だと考えることもできるわけでしょう。好ましくないマインドフルネスの状態になることを防ぐために、例えばお米を口の中に入れたりして、制御しやすい別のマインドフルネスに置き換えようという考え方になる。研究している人たちが、その論理を展開していることに十分気づいていないので、そういう表現が出ていないのですが、大谷さんの本などを読みながら考えていくと、この考え方で多分合っているんだろうと思います。

　そうすると、その延長線上として、「ある程度、想像上で、何か認知の中心になるものをつくる、そしてその変化を追うことによって、自分1人で瞑想状態、マインドフルネス状態、自己催眠状態、自律訓練をしている状態に達しようとする、別のもう少し伝統的な方法と、今申しているような方法との中間的なものはないかな」と思って考えました。

4章　なんそ法

実演1

岡本　これから私がご案内します
　けれど、その前に若干の準備をす
　るために、この話を聞いてイメー
　ジを形成していただきたいんで
　す。

　　中国の奥地、大体アジアでは神
　秘的なことというと、訳のわから
　ないことは、全部中国由来みたい
　になっていますが、山奥に仙人
がつくった大変ありがたい膏薬があると思ってください。
「ちょっと色がある、グレーと水色が混じったような色の
膏薬で、このくらいの玉、これくらいの膏薬の塊、軟膏の塊
みたいなものを、自分の頭の上に置く、その頭の上に置い
た膏薬は、自分の体温で溶けていくんだ、溶けて、少～しず
つ体を流れていくんだ」、それをひたすらイメージするの
です。

　　その膏薬で濡れたところはスーッと力が抜けていく、ま
た下まで垂れるとスーッと力が抜けていく、その膏薬は少
～しずつ溶けながら、とてもいい匂いがするんだと、そう
いうイメージをつくっていただくのです。

　　何分でもよろしいですけれど、きょうは大体12分を目
途に被験者の方にご案内しようと思っております。

岡本　それでは、きょうはもっぱら被験者の方に合わせなが
　ら、私がご案内をしますけれど、大体こういうのは、人は同
　じレベルでリラクゼーションが進みますので、少し早い、
　遅いがあっても、10秒か20秒くらいのことだと思うんで
　すね。ですから、皆様方も、被験者になったつもりで、私の
　声に合わせて、自分の中でイメージをつくっていっていた
　だきたい。

　　座り方ですけれども、まっすぐ座っていただきたいので

すね。椅子に座って、足を組まないで、なるべくまっすぐ。靴の裏、あるいは足の裏を床につけていただいて、まっすぐ座っていただく。できれば、手と手は触れ合わないで、膝の上に、ほぼ左右対称な形で置いていただくというようにしていただきたいんです。

　Zoom参加の方で、畳の方はいらっしゃいますか？　畳であぐらとか、正座の方はいらっしゃいませんか。皆さん、椅子と思っていいですか。では皆さん、椅子に座っておられるというつもりで、ご案内をしていきますので、では、よろしくお願いします。

　目は閉じていただいても、閉じていただかなくても結構です。理想的には半眼みたいにして、1メートルくらい先のところをぼんやり見ているのが、想像しやすいと思います。

★なんそ法の言葉がけ

　古来、中国に伝わる、「なんそ」という膏薬を頭の上、頭頂部にきちんと置きます。その膏薬、うっかりすると頭の上で位置が変わったりしますので、頭の向きをまっすぐ上に向けて、落ちないように保ってください。

　自分が操り人形になったみたいに、操り人形というのは、頭頂部からちょうど紐で下がっているんですが、操り人形になったみたいに、ちょうど頭の真上、引っ張られるような感じでスーッと背中を伸ばして座っていただきたいのですね。

　そうやって、今、頭の上にありますから実際には見えませんけれど、「膏薬のさま」というものに、ずっと心を向けていくと、膏薬は少しずつ溶けて流れ出します、膏薬が頭髪を濡らして、少しずつ下がっていきます。

　膏薬がスーッと下がって来て、……今、こめかみの少し上くらいまで下がって来ました、そうすると、こめかみの

ところの力が抜けて、フーッと楽になるとともに、何とも言えない、とてもいい匂いがしてきます。溶けてきた匂いを自分で確認するかのように、深〜く息を吸い込みながら、その膏薬に注意を向けていると、また少〜し溶けて、今ちょうど耳が半分くらい、膏薬に濡れたところ、そして膏薬がまた下がってきて、ちょうど今、頰っぺたの横くらいまで来ています。……

　顔のほうの膏薬がスーッと垂れて、膏薬に触れたところは、少しずつ力が抜けていきます。瞼のところを2つに分かれてずうっと下に下がっていって、今膏薬が鼻を伝わり、鼻の下、唇との間のところを伝わり、顔全体、少〜しずつ下がって来ています。……

　また顔の側面に注意を向けると、膏薬はもう首のところまで来ています。首のところまでくると、そこから白い湯気のように膏薬の匂いが立ち上り、その膏薬に触れたところの力がスーッと抜けます、「なんそ」という膏薬です。

　もうしばらくすると、その「なんそ」が、首から下へ、少〜しずつ広がっていきます、自分の体温で広がっていきます。

　今、肩の先くらいまで広がってきました。胸、背中、肩甲骨の上のほう、ずっと膏薬が下がっています、そのままずうっと膏薬が下がって来るのを、自分の体温に任せて溶かしていきます。……

　頭の上の膏薬のことをちょっと考えてみると、もう3分の1くらい溶けたので、少し軽くなっていますね。膏薬がまた溶けて、今ちょうどみぞおちのあたりの高さ、そこから、また下にスーッとくだっていって、ゆっくりお腹と、背中と、体側を濡らしていきます、ずうっとくだっていきます。……

　今、腰のところまで「なんそ」が溶けて届きました。それから、それが椅子に座っている足を、ずうっと濡らしていきます。足の上の面、そこからまた内股と外股のほうに、ずうっと垂れ下がっていって、もう少しすると膝まで来ます。

膝の上に置いている手は、腕のほうから伝わってきた「なんそ」で、もう割とじっくり濡れている感じ、「なんそ」は膝のところまで全部届いて、そこから足を少～しずつくだっていきます、少～しずつくだっていきます。……

　くだっていくのを思い描きながら、ジーッとしていると、体全体が、何とも言えないやすらぎに包まれていきます。

　これからしばらく、何も言いませんけれど、その間も、ずっと「なんそ」は下に下がって行きます。この次、私が声をかけるまで、「なんそ」は足首に向かって、ずうっと広がっていくのを、しばらく感じていてください。体中の筋肉が、ずうっと弛緩していきます。

【約2分、沈黙】

　「なんそ」が足首のところに達して、これから靴を履く部分にずうっとゆっくり広がっていこうとしています。もう体全体が青白～い、青い光に包まれて、すごく楽な、ゆったりした気持ちになっています。「なんそ」が広がっていくと、足の力もどんどん抜けていきます。……

　今ちょうど足の指の付け根あたりまで来たところ、「なんそ」が、そのままずっと伝わって、足の指を濡らしていくと、足の指の力もスーッと抜けていって、足の指と指がくっついていたのが、少～し楽になるような感じになってきます。……

　呼吸が楽になっていきます、自分の呼吸が、どんなふうになっているか感じてみてください、その呼吸を感じながら、体中に広がった「なんそ」の色と、淡い光と、淡い香りというものを思い描いていただきたい。……

　頭の上の「なんそ」がどれくらい残っているか、ちょっと触ってみたい感じがしますけれど、腕が上がらないですね、腕が上がらないくらい、力が抜けてしまって、腕が上がらない心地よさを、もうしばく感じて、この次、私が声をかけ

たときには、腕を上げて、頭の上を触ってみることができます、でも、それまで腕は快適に重〜く、膝の上に休んでいます。……

【約10秒、沈黙】

　では、そのまま静かに腕を上げて、頭の上の「なんそ」が全部溶けてしまっていることを確認してみてください、自分のペースでいいから、頭の上を確認、ありませんね？
また腕を回していただいて、腕を膝に戻していただいて、皆さん、目を開けてください、「ああ、部屋がこんなに明るかったんだな」と気がつくと思います。
　自分のペースで意識を元のように戻していって、戻ったら、少し手首の屈伸をして、それから腕を動かしたりして、感覚を戻してください。
　これでワンクールです。

★被験者1の感想

岡本　ちょっとせっかく被験者をしてくださった方にどんな感想をお持ちか聞いてみましょうか、どうでしたか？

被験者1　なんかスライムみたいなドロッという感じをイメージしました。

岡本　自分が脱力していく感覚もありました？

被験者1　「腕が上がらないですよね」と言われたとき、確かにちょっと重い感じがしました。

岡本　体全体が少し温かくなるということはありましたか、なかったですか、それはなかった？

被験者1　そんなにありませんでした。

岡本　はい、ありがとうございました。では、生理反応を小林さんに解説していただきましょう。

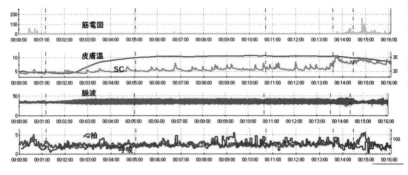

図 4-1　なんそ法 被験者 1 の生理測定グラフ

★被験者1の生理反応

小林　訓練(イメージ)を開始すると、すぐに皮膚温の大きな
　　上昇がみられ終了時まで維持されているのが解ります。同
　　時に脈波も大きく出ており、交感神経の活動が下がったリ
　　ラックスの状態を示しています。筋肉も弛緩した状態にあ
　　り、実際の腕の脱力状態を示しています。SC（皮膚電気活
　　動）には、内的なイメージ想起の状態によって若干の変化
　　が生じているようです。これら反応は、最後の解除動作ま
　　で続いています。

【質疑応答】

岡本　何かご質問とかおありでしたら、今承りたいのですね。
　　どうぞ、チャットに書いて、全員宛てに送ってください。
　　　きょう、皆さんは、私のガイドのもとで、いろいろな色
　　のイメージ、湯気が立つイメージがありましたので、それ
　　が、あるとき記憶に深く残っていると思うんです。ですか
　　ら、この次から、「これをしてみよう」とお思いになるとき
　　は、どこか一部でもよろしいんです。例えば、「なんその匂
　　い」とか、匂いというのは、一瞬ふと感じたことがある場合
　　が、ある程度多いのですけれど、「なんその匂い」「なんそ

の色」、あるいは、「下っていくさま」とか、何かのイメージ、1つか2つおありになったと思いますので、ご自身の中で、そのイメージをもう一度、記憶から取りだしていただくと、今のような状態に割合短い時間でなっていきますので、それをいわゆるマインドフルネス・トレーニングとして用いていただくことができると思うのです。

　終わるときは、必ず目をしっかり開いて、「自分の頭の上になんそがない」ということを確認する、そうすると、自分の髪を触った感覚というものが覚醒の役に立ちますので、確実に覚醒できるかと思います。

　いかがでしたでしょうか。

　もしもご質問がないようでしたら……、ああ、ありましたね。

A　頭の上に置いたものは何なのですか？

岡本　膏薬です。軟膏みたいな薬で、「なんそ」というもの、「なんそ」という薬は仮想の薬で、実際には存在しないのですけれど、こういうふうに古来から用いられているものなんですね。

　ほかにご質問ありますでしょうか。

B　「表層に『なんそ』が流れると、同時に体の内側にも流れ落ちていく感覚がありました。内側に感覚があってもいいのでしょうか、外側に意識を向けたほうがいいのでしょうか。

岡本　内側に感覚があってもよろしいのです。

　時々やっていただくのをお勧めします。2回目、3回目、4回目とやっていくうちに、例えば、そのときたまたま何かの音が鳴っていた、例えば救急車の音が遠くて聞こえたとか、そういうような記憶も自分の記憶の中で確認しておくと、次から、救急車の遠くの音を思い出すとそれを手がかりとして用いることができるとか、手がかりかりの1つとして積極的に使用することができる可能性があります。ずっと積み上げていかれると、「自分自身のなんその感覚」というものができくるわけです。そういうふうな工夫をし

て、「自分の中のなんそを育てる」という、そういう意識で
おやりになっていただくと、よろしいかと思います。

C　「汚れてしまったら、どうしよう」とか、「何の匂いだろう」
というのがありました。でも、だんだん、だんだん体が温か
くなって、そのうちにヘリコプターの音なのか、風で木の
葉の鳴る音がすごかったので、そのイメージの中に入って
いきました、後半からうまくいきました。

岡本　ああ、そうですか。よろしかったです。

D　お風呂の中でゆったり、お風呂の中をイメージしたりと
いう感じを思ったのですが、最初は、「嫌だな」というのが
ありました、「洋服が汚れたら嫌だな」と思ったのです。

岡本　Zoom でお顔を拝見しながらやっていたのですが、最
初のころ、ちょっと乗っていけないような表情をなさって
いましたよね。

D　ええ。

岡本　だから、「汚れたら嫌だな」とかいうことを多分お思い
になっていた時期だと思います。これは繰り返して使って
いくうちに、だんだん、うまくいった経験というものの体
感記憶が、そこに積み上がっていきますので、そういうこ
とを含めて、先ほど「自分のなんそを育てる」と申したので
すが、そういうふうに使っていってみていただけると、よ
ろしいかと思います。

実演2

岡本　では、まっすぐ座っていただいて、手を膝の上に置いて、
手が触らないようにしてください。

しばらく、1、2 度深呼吸をしてください。

これは実在しない膏薬、軟膏みたいな薬なんですけれど、
サッカーボールくらいの大きさの、すごいいい匂いのする
膏薬の丸い塊を、自分の頭の一番上にそうっと置いたと
思ってほしいのです。

膏薬は、まだ冷たいのです、だんだん、自分の体温でその膏薬が少しずつ溶けていきます。溶けていくとともに、いい香りがしてきます。……溶けたところから、その膏薬は、すごくいい香りがしていきます。その膏薬のイメージを持っていると、それが体温で少しずつ溶けて、まず頭の上、そして頭の上から少しずつ体を垂れていきます。……

　この膏薬は「なんそ」というのです。「なんそ」という名前の膏薬が、頭の上で少しずつ溶けて、体に垂れながら降りていきます。膏薬がちょうど今こめかみのあたりまで来ました。……そうすると、だんだんいい匂いのする範囲が広くなる、こめかみのあたりまで来た膏薬は、今ちょうど耳の上、そして耳を濡らして眉毛のあたり、眉毛のところでちょっとたまりますね、そしてずうっと、少しずつ下りていきます。……

　膏薬で濡れたところからは、見えるか、見えないかくらいの湯気が立っていて、それがとてもいい匂いがするんです。そして膏薬は、ずうっと下りていって今……鼻……それから、口の上……頬っぺた……と下りてきます。頬っぺたのところを伝わっていくと、膏薬の触れているところからスーッと力が抜けていく、自分の体温で「なんそ」が少しずつ溶けて下りていきます。

　今ちょうど、「なんそ」が顎のところまで下りて来たところ。……後頭部が全部「なんそ」で濡れています。そして、「なんそ」が、ずうっと首を伝わって下に下りてきます。……溶けた「なんそ」がちょうど今首の付け根まで下りてきました。そこから、「なんそ」は体の前のほう、体の背中側、両方の肩、ずうっと下りていきます。……

　今ちょうど脇のあたり「なんそ」が下りてきました。そのあたりまで来ると、「なんそ」の触れたところから力が抜けていくので、呼吸がどんどん楽になっていく。……「なんそ」が胸をずうっと滑り落ちます。腕のほうの「なんそ」は肘の少し上、背中もそういう高さ、少しずうつ、少しずう

つ下りていきます。……

　今「なんそ」がちょうどお臍の上、……背中は帯の上の
あたり、……肘は完全に下りて、手首のほうに向かって「な
んそ」が、ずうっと下りていきます。「なんそ」がベルトの
ところまで下りて来ました、ほとんど手首の上まで下りて
来ています。……

　その「なんそ」からは透明のような湯気が立っていて、と
てもいい匂いがします。……「なんそ」は、ずうっと腰全体
にかぶっていって、もう少しすると、足を下りていきます。
手のひらは半分くらい、指の付け根くらいまで、もう「なん
そ」が来ています。「なんそ」の香りをずうっと嗅いでいる
と、「なんそ」が足を下りて行きます、「なんそ」が太腿の
下くらいまで下りてきました。……

　もう腕はすっかり「なんそ」で濡れて温まっています。
……足のほうも、「なんそ」が下りてくると、「なんそ」の
下がスーッと温かい、フワッと温かい、「なんそ」がちょう
ど今、膝のところまで下りて来たところです。

　椅子に座っている膝のところで曲がって、「なんそ」は、
そのままずうっと足を下っていきます。

　頭の上に注意を向けると、さっき結構大きかった「なん
そ」が、先ほどのもう半分くらいに減っています。半分くら
いに減った「なんそ」から、見えるとも、見えないともわか
らないような湯気が立っていて、そこから香気が漂ってい
ます。

　「なんそ」が、ずうっと脛のところ、下りていきます。……
少しずつ、少しずつ下りていきます。……もうすぐ足首全
般まで下りていくかもしれません。……ずうっと「なんそ」
が下りていって今、踝の上、もうしばらくすると踝全部が
「なんそ」に濡れるかもしれません。……踝全部が「なんそ」
に濡れました。……

　足の甲をめがけて、「なんそ」が、ゆっくり広がりながら
下りています。……踝を通って、「なんそ」が今、足の指の

付け根まで来ました。指の付け根のあたりに注意を向ける
と、「なんそ」は、足の側面も濡らしていて、足の裏に向かっ
てタラーリと垂れています。……

　そのままずうっと注意を凝らしていると、指の1本1本
を「なんそ」は濡らして、……足の裏のほうも少ぉし「なん
そ」の湯気が立っています。……そのままジーッと気持ち
を向けていると、足の裏全体、「なんそ」がジーッとカバー
しています。

　さあ、全身がすっかり「なんそ」の、少し光を帯びた光沢
に覆われています。……体を覆っている「なんそ」からは、
微妙な淡い、しかし、すごぉく気持ちのいい匂いがずうっ
と立ち込めています。

　頭頂部に注意を向けてみると、「なんそ」は、もうゴルフ
ボールより小さいくらいの大きさになって、頭頂部に残っ
ているだけです。耳も、首も、肩も、背中も、胸のほうも、腹
部も、腕も、手のひらも、手の指の両側も「なんそ」に覆われ
ています、足全体も「なんそ」に覆われています。……

　「ああ、自分の体はこんなに快適な体だったんだなぁ」
……そういう気持ちが心の中に少しずつ大きくなって、や
がて心全部を占めていきます。

　深呼吸をずうっとしてみてください。……深呼吸をず
うっとして、もう少し深呼吸をすると、どんどん気持ちと
体が楽になっていきます。

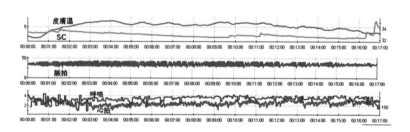

図4-2　なんそ法 被験者2生理測定グラフ

★解除

　その楽な気持ちを、ゆぅったり味わったところで、もう
しばらくすると、私が手を打ちます。

　私が一度手を打つと、「なんそ」がスーッと足のほうに
流れていき、……二度手を打つと、二度目の音で「なんそ」
はすっかり足元から下の床に下りて、体は元の状態に戻り
ますけれども、今の快適さ、ゆったりした感じは、心と体に
残ったままです。

　ずうっと、ゆっくりした「なんそ」の動きを感じてみてく
ださい、もうすぐ手が鳴ります。

　手を鳴らす　＜パン、パン＞

　ゆっくり自分のペースで目を開けてください。

★実演２の生理反応

　開始直後から皮膚温の上昇がみられます。SC（皮膚電気活
動）も徐々に低下していっています。脈波の波形などからも、
特に訓練前半で深いリラクセイション状態に入っていること
が示されています。後半にかけて、少し覚醒状態が上がり「手
を打つ」合図で解除されているのがわかります。

４章　なんそ法

5章

地球重力線イメージ法

岡本浩一
（東洋英和女学院大学教授）

★フローチャート（自己誘導）

1° 肘掛けのない椅子に深く座る。背もたれがあるほうが良い。眼は半眼または閉じる。

2° 両腕を脱力し、自身の両横に「重さにひっぱられるままに」垂らす。

3° 両腕の引かれる方向を参考に、自分の中核を貫く「重力線」をイメージする。

4° 大きな地球に自分が乗っていて、自分を重力線が貫いていて、重力線が地球の中心に向かっている様子をイメージする。その線はたった一本、自分が占有していると考える。

5° その気持ちを10分程度味わってから、眼を見開いて自身で覚醒する。

6° つぎからは、その「地球と自分」のイメージを視覚的に思い浮かべると、マインドフルネスの状態に容易に入れる。

模擬支援1（ガイドによる誘導）

★座り方と環境整備

岡本　では、まず座り方ですが、椅子に座っていらっしゃると思うんです。肘のない椅子ならいいのですが、肘掛けのある椅子は少し浅めに座るか、あるいは深めに座ると、案外椅子というのはまっすぐ腕がおりるので、なるべく腕をまっすぐ地軸に沿って垂れることができるような姿勢を求めていただきたいです、よろしゅうございましょうか。可能でしたら、若干部屋は暗めがいいと思います。

　私の言葉の細かなところにあまりとらわれないで、私の言葉そのものでなく、私の言葉から想起されるイメージというものを、ずっとつくっていってください。私も資料にお書きした、その言葉の順序で言うとは限りません、よろしゅうございましょうか。では、始めさせていただきます。

★地球重力線イマジェリーの誘導（他者誘導）

　腕をまぁっすぐ垂らしていただいて、しばらく深呼吸をゆっくりしてください。回数を数えなくてもいいですが、深呼吸です。……深呼吸を2度、3度しながら、イメージの中に地球が宇宙の中で漂っているというイメージを持っていただきたいのですね。

　「宇宙の中」というのは当たり前ですけれど、昼も夜もなくて、年中、群青色みたいな、ちょっと青みがかった暗～い色をしているそうです、そういう青黒～い宇宙の中を、地球が漂っている、そういうイメージを持って、その地球を自分のメンタルな視野いっぱいに1度持ってください。

その地球の上には、無数の人や物があって、「私」自身も
その上にいます。みんな万有引力で地球の中心に向かって
引かれています。……ちょっと考えてみると、若干滑稽な
感じもしますけど、地球の私の向こう側、ちょうど逆のと
ころにも、だれかがいて、その人は私に向かって引かれて
いるような格好で、みんなくっついているわけです。……

　垂らしている腕にイメージを戻してください。腕がダ
ラーリと引っ張られています。もう少し脱力すると、普段
感じない引力の方向というものを感じることができます、
腕は重力線に沿ってダラッと引っ張られているんですね。
……

　足の裏も重力線に沿って、ピターッと床のほうにくっつ
いていく感じがします。……そうやって考えてみると、今
自分の腕と足の裏がちょうど直角のようになっているの
ですね。……普段の生活で、足の裏と腕が直角になるとい
うのは、あんまりないことですけれど、今そういうことが
起こっています。……

　この腕が引っ張られている線というものを考えてくだ
さい。その線はまっすぐ地球の中心に向かって引かれて
います。少し隣に人がいるとすると、その人も地球の中心
に向かってまっすぐ引かれています。ですから、厳密に言
うと、私が引かれている方向と、隣の人が引かれている方
向は並行ではありません、大きな球の上に載って、みんな
少しずつ並行ではない重力線でまっすぐ引かれています。
……

　その線を共有している人はだれもいません、この線は、
「私」だけが今引かれている線だと、そういうことを考えて
いると、……いつの間にか呼吸がゆったりになってきて、
呼吸がとても楽で、非常に自然に呼吸ができている、そう
いう気持ちがしてきます。

　地球のちょうど向こう側には、だれかいるかもしれな
い。……いないかもしれない。……もしも、だれかいたら、

その人だけ、私と1本の重力線を地球の向こう側で共有しているような格好になります。宇宙から見ると、私とその人だけがまっすぐ、本当にまっすぐに引かれあっているように見えるけれども、実は別々に引かれあっているのです。そして、恐らく、その向こう側の人に会うことは決してないのですけど、何かある種の友人のような気がしています。

　そういうふうに考えながら、自分の腕を1本の重力線が引いているというイメージをずうっと持って、「私」が載っている大〜きな地球が、もっと広く大きな青黒〜い宇宙の中に漂って、ゆったり進んでいる、そういうゆったりした絵を頭の中に描いて、これからしばらく何も申さないようにいたしますので、重力線と地球と宇宙というものの位置と色合いのイメージを、ずっと胸の奥深くに抱き締めていってください。

【約2.5分、沈黙】

　では、ご自分のペースで目をしっかりと開いていただいて、どこか明るいところか何か、はっきりしたものを見ていただいて、自分のペースで、ずっと覚醒してきてください。

【実演終了】

講義：重力線イメージ・トレーニングの事後説明

　マインドフルネスの効果についての研究結果というのは、新しいデータがつぎつぎ出ていて、いろいろ変わってきていますが、大体1日に1回16分とか、1番短いやり方では、「12分で効果がある」というのもありますけれど、そういう静かにしている時間を1日1度取っておくと、普段の生活では起こらないような、急に焦るようなこととか、

驚くようなことがあったときによりよく対応できる可能
性があるというデータが出ています。あるいは災害とかで
すね、そういうようなことが起こったときに、よりよく対
応できる可能性があるというのです。そういう意味で、ス
トレスフルな状態に対する予防的な意味で、日常の中で
やってごらんになるのがいいかと思っているのです。

　今の重力線イメージのセッションで、ちょうど、私が言
葉を始めてから13分くらいでした。いろいろなやり方が
ありまして、前回も少しご紹介いたしましたけれど、きょ
うのは「地球」という球形のもの、割とちゃんとイメージす
ると強烈なイメージというか、それと自分の身体に感じる
重力を自分の中でイメージとして視覚化する、というセッ
ションです。それを例えば、次回からまた、「宇宙の色と
地球と重力線」というものを手がかりにして、比較的短い
時間で、こういう状態に入れるのではないか、そういうよ
うなことを、ちょっと経験してみていただきたいと思って、
ご案内したのです。

　ここのところで、何かご質問、あるいは感想のようなも
のがあれば、ちょっとお伺いしてもよろしいかなと思いま
すけれど、いかがでしょうか。

★Zoom参加者との質疑応答

小林　Kさん、いかがでしょう。

K　ありがとうございます。すごく心地よいというか、リラッ
クスして、すごく楽になりました。

小林　ありがとうございました。Fさん、いかがでしょう。

F　私はマインドフルネス、すごいハマっていて毎日やって
いるんです。きょうはやっていなかったので、ちょっと何
か、腕の重みを感じるというのは、他のこの種のトレーニ
ングでも結構やったことがあるんですけれど、これだけ腕
だけにイメージを集中させるというのはあまりなくて、す

ごーい重くて、ダル重くて、でもその感じが気持ちよくて
ビンビン感じながらできました。

小林　はい、ありがとうございました。Oさん、いかがでしょ
う。

O　私ものんびりと、ゆったりできました。私、地震のときは、
「鎮まれ、鎮まれ」と、こんなこと（地面を押すような動作）
をやるんですけれど。

小林　はい、ありがとうございます。Sさん、いかがでしょう。

S　マインドフルネスという……今、動いているような感じ
だと思うんです。マインドフルネストレーニングを自分で
やる場合には、どちらかというと身近なところに疲労を感
じるみたいな感じで今までいたんですけれど、今回ちょっ
と壮大というか、地球だとか、地球の裏側とか、すごく感じ
るところが壮大な感じにして、今までとはちょっと違う感
じだったのが印象的でした。

小林　ああ、そうですか、ありがとうございました。Mさん。

M　あまりいろいろなことを気にせずに、何となくやって
いたのですが、終わってみたら、すごく気持ちが穏やかに
なった。「よかったな」という感じを受けました。

Y　これひとつで10分以上とは思わない時間でしたが、整っ
た感じがしたのと、重力線上に1人、自分1人でいるとい
うのは、すごく集中する感じになりました。

小林　ありがとうございました。

岡本　この手法は、いくつかメリットがあります。私もマイン
ドフルネスのトレーニングを、なるべく毎日やろうと思っ
て、携帯電話に12分とか14分という目覚ましを入れてい
るのですけれど、例えば、ちょっと人と喧嘩した、会議が思
うように進まなかった、そういうときに、なるべく使いや
すいアンカーを普段使っておくといいのではないかと思
うわけです。

　ですから、仮にこれを毎日か2日に1回とか使っていき
ますと、「イメージを使って、今のような状態になる」とい

うルートがだんだん太くなってきて、瞑想状態に入りやすくなりますので、そういう意味で、心理的な緊急事態ということに備えるという意味合いがあっていいかなと思います。

それと、この種のアンカーをつくるとき、自己催眠などで使うときに、例えば性的なイメージは避ける、あまりに痛み、匂い、味覚が強いイメージは避けたほうがいいとか、いくつか禁忌があります。この方法はそういう禁忌をうまくかわしていけるということです。

例えば、私は催眠もするのですが、催眠などで、同様の意味合いで、海が好きな人に「海の中にスーッと沈んでいく」というイメージを使ったことがありますが、そうすると、吟味の能力の高い人の場合、「海の中に沈んでいくと呼吸ができない」、あるいは「水圧がどうだ」とか、そういうことを考え始めて、うまくいかなくなる場合があるわけです。

ですから、ある程度、イメージがつくりやすくて、しかも今自分が置かれている状況と、何らかの意味上のリンクがあって、あまりそういう吟味に引っかかってこないような刺激を、うまくつくり出すということが大事だと思って、これを工夫してみたわけです。

皆さん方も、ご自身の中で、ちょっと磨いていらっしゃることをお勧めしたい。できれば、周りの方にお勧めいただいて、割合顕著に効果がありますので、工夫してみていただきたいと思います。

★生理学データ説明

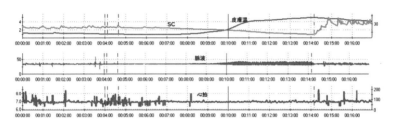

図 5-1　地球法 被験者 1 生理測定グラフ

岡本　それでは、今の生理的データをごらんいただけるそうです。小林さん、説明してください。

小林　皮膚温と SC（皮膚電気活動）、それから心拍を測定しています。

岡本　すごいね、これ。

小林　このあたりから開始をして、ちょうど真ん中あたりから急激に皮膚温が上昇して、どうですかね、やっている途中、真ん中くらいから、すごく落ちついたのではないですか。

被験者　真ん中くらいから落ちついて、結構最後のほうは、先生が何を言っているか、何を言っていたか記憶がないくらい落ちついてきて、温かくなってきた、手とか足とかがムズムズしてきた感じがします。

小林　すごく皮膚の温度が上がっていますし、血流がよくなっていますから、心拍も少し下がっています。まさにリラックスして、血の巡り、血流が上がっているという状態がきれいに出ています。あと SC も下がっていますから、このとき交感神経の活動がグッと下がってリラックスした状態になったというのが、はっきりと出ています。

★模擬支援2（ガイドによる誘導）

岡本　よろしくお願いします。

　ちょっと深呼吸をしながら、自分の体軸をまっすぐ立てて、自分が操り人形になったようなつもりで、頭をまっすぐ上に引っ張られている、上に紐がついていて、そこに自分がぶら下がる形で立っているようなイメージを抱いてください。

　腕を真横にまっすぐ垂らしてほしい……。それで腕をまっすぐ垂らしながら、……それが地球の引力の方向と合うように、自分の、なるべく脱力する。……脱力すると、だんだん重力軸と腕の方向が合うようになります。

　ずうっと腕がまぁ下の方向に引っ張られる。……

　腕が自然に行く方向というものを、自分の中で探し求めていきます。……それが見つかったら、胸を自然に張って、自分の体の軸が、その重力の軸と一致するように、まっすぐ立てていってください、だんだん、その方向がわかるようになりまぁす。……まぁっすぐ。……

　それでずうっと落ちついて、……想像してみると、今、自分の腕がまっすぐ下りている方向が重力の方向です。……自分の腕がまっすぐ下りている方向が、実は地球の真ん中を向いています。……大きな、大きな地球の上に、自分が今こういうふうに体を立てて座っていて、自分の腕がその地球の中心に向かってスーッと下りている。……その地球の中心に向かってスーッと下りている直線を、そのままずうっと伸ばしていくと、ちょうど地球の反対側に出るはずです。……

　地球の地軸を通る線は無数にありますけれど、今、自分の腕が下りている線が、そのうちのたった1本です。……だから無数の軸の中で、固有の2本の線を、自分の腕がちょうど指していることになります。……

　そう思って、ずうっと呼吸を楽にしていくと、……その

方向というのが、実は自分がとっても落ちつく方向だということに気がつきます。……

　腕がまぁっすぐ地球の中心に向かっています。靴を履いている足も、まっすぐ、それと平行な線に向かって引っ張られています。自分の体軸を微妙に調整してみると、その体軸は地球の軸と一致する位置が見つかります。……

　それが見つかると、すごく安心して……「ああ、自分はここに固有の場所を占めている」「固有の軸を占めて、自分はここにあるんだなぁ」という感じがしてきます。

　体全体が重〜い、……。体全体が重〜いけれども、快適な重さで、その重〜い軸から動かしたくない、「今せっかく見つけた軸なんだ、その軸は今、私が座っている軸なんだ、私の両の腕が占めている軸なんだ」、そういうふうに思っていると、呼吸が楽になり、重〜い重力の感覚が、少しずつ温かぁい感覚に変わっていきます。

　その温か〜い感覚に変わっていく変化の早さというものを味わいながら、意外に早いかもしれない、意外に遅いかもしれない、だけれど、「この軸に自分が腕と体を置いている限り、早いとか遅いとかいう時間の経過はあまり問題じゃないんだ」という気持ちになって、大きな地球の上で、今自分が占めているこの位置は、今自分だけの位置だ、その地球が、宇宙の中に浮いています。

　「ああ、自分は地球の上に、こうやって重力軸を占めながら、宇宙の中にいるんだなぁ、自分の占めている重力軸を地球の裏側まで伸ばして、その軸を地球の裏側からずうっと地球と垂直に向こうまで伸ばしていくと、やがて宇宙の何かにぶつかる線なのかもしれない」、そういうことを考えながら、ずうっと地球と自分、地球と自分ということを考えていると、不思議な落ちつきが心と体を占めるようになります。

　その落ちつきをゆったりと味わっていただいて、……ゆったりと味わいながら深呼吸を少しして、……深呼吸

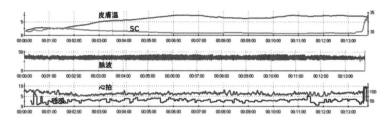

図5-2　地球法 被験者2の生理測定グラフ

をしようとすると横隔膜が動くでしょう、横隔膜が下がる
方向も、実はその重力の軸なんです。その重力軸に沿って、
横隔膜が大きく、大きく下がる、肺がフワッと膨らんで空
気がたくさん入ってきます、気持ちいいね。……

　そうやって味わっていて、もうしばらくすると、私が手
を打ちます、私が2つ目の手を打ったとき、その重力軸から、
自分の体を動かすことができるようになって、気持ちいい
思いで、元の自分の状態に戻ることができます。それまで、
その重力軸を、じっくり味わってください。

パン、パン（手を打つ音）

　自分のペースで目を開いて、目を開いたら、ちょっと腕
を重力軸から外して、手のひらを握ったり、開いたりして、
覚醒してください。

小林　これは、模擬支援中の生理反応の変化です。ご覧になっ
てわかるように開始後、腕の脱力を始めたあたりから、皮
膚温の上昇が始まり、反対にSC（皮膚電気活動）は低下し
始めています。この状態は終了時まで続いており、深いリ
ラクセイション状態にあったことを示しています。終了時
のSC上昇は手を打った音への反応です。

第Ⅲ部

NLP／ブリーフセラピーの応用

6章

COACH ステート

講義

コーチ・ステート（COACH State Management）というのは、NLP（神経言語プログラミング）で教えるセルフ・ケアの技法のひとつです。NLPというのは、何人もの優れた心理療法家のやりとりのパターンを言語学者が分類をして、いったん心理学の理論とは切り離して、「技術の表面だけを分類する」という作業の結果できた1つの体系です。

スポーツコーチングには、臨床心理学的やりとりを伴いますので、アメリカでは主にそちらの方面とか、企業コーチングの分野でも今は多く活用されていますが、もともとは臨床心理学的な技術の体系としていったん完成したものです。

その途中で、エリクソンの催眠の技術なども取り入れられるところは取り入れるという形で進行してきています。

エリクソンの技術が取り入れられているということから、「催眠の技術が多く入り過ぎているのではないか」という警戒を持つ文化圏があります。特にドイツ周辺の国々は、ヒットラー

のときに催眠的な説得で国家が動いて戦争が起こったわけで、そういうことに対する警戒が非常に強くあり、ドイツでは教育分野ではNLPが禁止されています。

　裏返せば、それだけ効果がある技術だということです。

　NLPは理論が進展してきていて、第一世代から、今第四世代まで区別して教えるのですが、COACHステートというのは第二世代ないし第三世代の理論から入ってきた考え方で、主にセルフ・マネジメントの技術として活用されています。

　NLPでは自分の状態をマネージする、「ステートをマネージする」という考え方が体系的に非常に整っていて、全体を総称して、「ステート・マネジメント」という言葉を使っています。COACHというのは、C、O、A、C、Hと略語の中身が下の表に書いてありますが、それに沿って、「ステートをマネージするためのアンカーを積み重ねていく」、「積み重ねる」ということはスタック（stacking）というのですが、そういう技術です。

表6-1　COACH ステートの下位ステート

C	"Centered"	自分自身の「核」を実感する
O	"Open"	外向的、関心がある状態を作る
A	"Aware"	気づく readiness を高める
C	"Connected"	世界、周囲に対する「つながり」を感じる
H	"Holding"	自分自身を維持し、他者とのつながりを維持する。

　COACHステートそのものをご案内する前に、その前提となる単体の「アンカリング」という現象、テクニックを、まずごらんいただき、「それの延長でCOACHステートをするのだ」という理解を得たいと思っております。

　そのための被験者を、きょうは2人別々にお呼びしています。

　今からごらんいただくのは、「ポジティブ・アンカー」という技術の1つですが、それを用いる2通りにやり方をご覧いただきます。身体に触れるテクニックですので前もって被験者には説明と同意を得た上で行います。

★ポジティブ・アンカーの実演:ワクワクするアンカー

岡本 ここ2週間くらいで、ワクワク楽しいようなことはありましたか?

被験者A はい、ありました。

岡本 ちょっとその話を教えてください。

被験者A 先週の土曜日に文化祭があったんですけれど、そのあと友達と2人でやった打ち上げが楽しかったです。

岡本 打ち上げ。打ち上げで、どんなことをしていたんですか、そもそも文化祭では何をやりましたか。

被験者A 文化祭は吹奏楽部なので、楽器の演奏をしました。

岡本 演奏もうまくいったんだね?

被験者A 演奏も、まあまあ。

岡本 その打ち上げが楽しかった、打ち上げでどういうところが楽しかったんですか。

被験者A 楽しかったというか、中華を食べに行ったんですけれど、餃子とかチャーハンとか出てきて、それを食べながら演奏を聞いて、「楽しかったね」と。

岡本 きょうのさっきの演奏を聞いて。

被験者A はい、「こんな感じだったね」とか、感想を言いながらご飯を食べたのが、すごく楽しかったです。(岡本が被験者の二の腕に触れて、すぐ離す)

岡本 そこで聞いた感想で、一番うれしかった感想は、例えば、どんなものですか。

被験者A 私が1人で吹くところがあったんですけれど。

岡本 ああ、すごいじゃない。(岡本が被験者の二の腕に触れて、すぐ離す)

被験者A　割と練習よりうまくいって。

岡本　ああ、うまくいった。

被験者A　「うまくいったのは、よかったな」と。

岡本　そう言われたんだね、もう一遍聞いて、またそのコメントを聞いて、声とかも聞こえていますよね、甲高い声というか、今聞こえていますよね（岡本が被験者の二の腕に触れて、すぐ離す）。

　　　では、ちょっと一度記憶を書き換えますので。きょうの朝ご飯、何を食べましたか。

被験者A　ご飯とみそ汁、食べました。

岡本　こうやってやったら？（岡本が被験者の二の腕に触れて、すぐ離す）

被験者A　何か……（表情が変わる）

岡本　きますよね。

被験者A　はい。

岡本　そうしたら今度はね、これを自分でこういうふうに、届きますか？（岡本が被験者に二の腕のその部位を別の手で触れさせて、すぐ離させる）

被験者A　はい。

岡本　じゃあ、それでね、まだやらないで、僕が「やって」と言ったらやって。

被験者A　はい。

岡本　ここ2〜3週間、ちょこっと嫌なこと、ありました？

被験者A　嫌なこと、ありました。（表情が曇る）

岡本　どんなこと、ちょっと話し始めて。

被験者A　えーと、その文化祭の演奏で、ちょっと嫌なことがあったので、自分の1人で演奏するところ自体はうまくいったんですけれど、全体の仕上がりを聞くと、あまりよくなかったというか。……

岡本　ああ、そうなの？

被験者A　「意外と下手くそだ」みたいな（表情が曇る）。

岡本　はい、じゃあ、自分でここに触れてみて。

被験者A （自分で二の腕に触れる）はい（表情が変わる）。

岡本 気分変わりました？変わりますね？

被験者A 変わります。

岡本 はい、ありがとうございました。

★ Zoom参加者へのポジティブ・アンカーの説明

岡本 今のが、「ポジティブ・アンカー」という技術なのですが、何をしていたかを説明します。全体的に楽しい話をしているわけです。楽しい話をしていると、感情がズーッと上っていくわけですけれど、観察していると、上り方が穏やかなときと、強いときがあるわけです。私どもは訓練しているので、顔の表情とか、目の動きから、「あっ、今強くポジティビティが出ている」というときがわかるので、そのときに、こういう（二の腕に触れる）身体的な刺激を入れてみたわけです。それを大体3回くらい入れて、そうすると、この場所を触ると、その気持ちが出てくるわけです。パーッと風景が変わりますよね、餃子も出てきますよね。

被験者A はい。

岡本 ポジティブ・アンカーを一旦、こうやって入れてしまうと、自分でこうやって触れてもですね、入るんですね。このポジティブ・アンカーが1つの「ステート・マネジメント」ですね。

★ ポジティブ・アンカーの実演：気持ちが落ち着くアンカー

岡本 じゃあ、被験者を交代してください。こちらにおいでくださいますか。同様の趣旨で少し違うアンカーを入れたいと思います。

　1日1回、フワーッと力が抜けて楽になる時間って、多分ありますよね。

被験者B はい、あります。

岡本　それは、どういうところ？

被験者B　1人で自分の部屋で仕事が終わったときに、明かりちょっと暗くして、お香をたいたりして。

岡本　お香をたくのね。

被験者B　はい、お香をたいています。で、その匂いをかいでいるときが、一番リラックスします。

岡本　お香の匂いを思い出せます？

被験者B　あっ、（表情が変わる）思い出せます。

岡本　思い出せますね。

被験者B　はい。

岡本　お香たいているときに、壁を見ているとか、どこを見ていますか。

被験者B　ああ、そうですね、壁を見ています。

岡本　壁を見ています、壁には模様か何かあるのですか。

被験者B　白い壁ですね。

岡本　白い壁（二の腕に触れてすぐ離す）。

被験者B　はい。

岡本　質感はある？

被験者B　質感は、うーん、紙、ペーパーの壁紙の……（岡本が二の腕に触れてすぐ離す）。

岡本　見るところって決まっているの？

被験者B　あまり決まっていないですね。

岡本　決まっていない、こう、お香をたいてね。

被験者B　天井を見たりとかもしますね。

岡本　天井ね、そうすると、「ああ、1日終わるなぁ」と、こう考える（岡本が被験者Bの二の腕に触れてすぐ離す）。

被験者B　そうですね。

岡本　ねっ、そうですね。それで、13+21。

被験者B　13+21、34。

岡本　こうやったら？（二の腕に触れる）。

被験者B　ああ、何か壁とか天井のイメージが浮かんできました。

114

岡本　ちょっと自分でやってみて、出てきます？

被験者B　（自分で二の腕に触れて）あっ、出てきますね。

岡本　出てきますね。

被験者B　はい。

岡本　そうすると、ちょっともう一遍やめてもらって。
　　　ここ一週間くらい、ちょっとイライラしたようなことはありました、焦るとか？

被験者B　ああ、焦るのはありました。

岡本　ありました？

被験者B　はい。

岡本　いつごろの話ですか。

被験者B　一週間くらい前でしたね（表情が曇る）。

岡本　その焦ったときは、どこに行って、何をやりましたか。

被験者B　えーと、同じ、自分の部屋なんですけれどパソコンを見ていました。

岡本　そうすると、また焦った気持ち、思い出してきますよね、その状態で、もう一遍、ここを触ってみてください。

被験者B　ちょっと難しいです、複雑ですね。そうですね、でも、何か。

岡本　ちょっと楽になる？

被験者B　そうですね、向きが変わる感じがしました。

岡本　そうでしたね、はい、ありがとうございました。

COACHステートの実演

★アンカーの追加説明

　今のも原理は全く同じで、要するに穏やかな時間のときのことを思い出していただくと、身体がそういう状態になるわけです。じゃあ、そのときに、例えば「壁を見ていました」とか、見ているものを尋ねているというのは、出てくる体の反応というものを強化する、だから、これをアンカー

にすると同時に、ヴィジュアルな記憶もアンカーにすると
いうことをしたわけです。

　このアンカーをつくっておくと、例えば、自分が何かで
焦ったときに、あまり焦ると人間は思考がすべるようにな
りますけれど、そういうふうになったとき、こういうふう
にすると、ちょっと落ちつくということがあるわけです。

　こういうものをNLPでは「ステート・マネジメント」とい
うふうに言うわけです。

　ありがとうございました。

　今の理解をベースにした上で、（小林に）こちら側、測定
できますか、あと2分くらいですね。

　ここまでを一応、模式的に理解していただいた上で、
「COACHステート」の「セルフ・アンカー」というのを入れ
て見ましょう。今のデモはガイドが入れた、ガイドによっ
て入れられたアンカーでしたが、今度は自分でそこを使
うことによって「セルフ・アンカー」として使っていただく。
COACHステートは、そういうやり方で入れることもでき
ますが、きょうは皆さん方に「セルフ・アンカー」をおつく
りするプロセスを見ていただいて、ここに1人、被験者に
来てもらっていますので、同時にやっていきたいと思って
います。

　そこにありますように、「COACHステート」というのは、
C、O、A、C、Hということで理屈をつけているわけです。
今から1つずつ申しますので、自分の中でイメージを起こ
していっていただきたいわけです。

★センタードのアンカー

　COACHのCというのは一番大事でCenteredです。ちょ
うど坐禅をしているときのように、まっすぐ座って、自分
の体のまっすぐの軸を感じる、さっきたまたま長谷川さん
の臨床動作法の講義（本書10、11章）をずっと聞いていて、

自体軸というのと「非常に似ているな」という感じを持ったんですけれど、まず自分の Centered。

「COACH ステート」というのは、自分で訓練していて、ゆくゆくは「椅子に座らず、立っているときでも自分でできるようにしよう」というものです。きょうは座ってやっていただきます。

人によっては、こういう動作（合掌するような所作をして）を入れて、「センタード」のアンカーにします。

被験者の方は、こういうふうに（片手だけ合掌の形にしてもらう）していただくんですね。宗教によってはこういう合掌もあるからね。右手をこういうふうに上げて、これをまっすぐにして、「手が自分の中心になっているな」ということを感じながら、自分の体をまっすぐ、「ここに地軸が走っているな」という感じでイメージをずっと持っていただきたいんですね。

Zoom でご参加の皆さんも、どうぞ同様に始めてくださいますでしょうか。

自分の中心を感じて、「ここに自分の中心がある」。

★オープンのアンカー

次にこういうふうにして（両手で水を掬うような所作をして）、物をすくい上げる。これが open、非常にいろいろな意味で心理学では open という言葉を用いるのですけれど、端的にいうと、外向的ということに心理学では open という言葉に当てています。ほかに、例えば、「初めて見たおいしそうな食べ物を、食べてみようかな」と思うような気持ちとか、あるいは「会ったことがないようなタイプの人と会って驚いた、その人に関心を持つ、好奇心を持つ」など、

「外側に関心を持っている」というようなことを考えると、自分の目の辺の動きが違ってくると思うのです。自分の目がキラキラする。「おもしろそうだな。」それをこの手の動きに合わせて、皆さん方、もしよろしければ、両手で、こういうふうにしていただいて、それで open というアンカーをつくって、しばらくじっとしておいてもらいます。

★アウェアのアンカー

それが終わったら、今のこれとこれの思いを全部載せて、両手を膝の上に、このように置いてください。

そして Aware（気づいている）というのですが、まず自分の足の裏、それから自分の体幹が本当にまっすぐ中央に来ているのに気づくという感じ、そういうのを自分で体のあちらこちらの体幹をチェックしていくのです。

チェックするポイントは、本当に生理的な感覚で、床の硬さ、床に感じる自分の重さ、椅子に感じる自分の中心の位置、自分の中心の快適な重さ、もしも空気がほんのわずか動いていたら、ほんのわずか空気が動いている感じというものを感じる、もしも空気が動いていないとしたら、「あっ、空気が止まっているな」という感じが顔で感じられるということを、ズーッとしていっていただきたいんです。

それをやっていくと、先ほどまでは「自分の体の中心」ということを思っておりましたけれども、「自分の心の中心」が、やはり、それに近い位置にある、自分の心の中心、もしかしたら、その自分の心の中心というのは、自分が生まれる直前くらいからあったかもしれないような、そういう心の中心みたいなものを、ずっと考えて、探していく。ずっと探していくと、実感として、「あっ、この辺にあるなぁ」という感じが、だんだん出てくるのですね。

★ホールディングのアンカー

　そして最後 H は Holding です。この状態をずっと保ちたい、この状態を保っていける、この状態を保ちたい、その保っている実感が、例えば膝の上に置いているおもちゃの感触が感じられる、そういう感じをずっと維持していくのですね。

★ COACH のアンカー

　この 5 つのアンカーを順に用います。そして、こういう恰好をして（両腕を両膝の上で浮かせるような所作をして）それで、声に出さなくても構いませんから、自分の言葉で「コーチ、コーチコーチ、コーチ（COACH、COACH、COACH、COACH）」、初めは声に出すような感じで何度かやっていく、自分の脳裏に入れるというような、自分の想像に残る、そういうものとして、「コーチ、コーチ、コーチ、コーチ」とつぶやくのです。

　もうしばらくしたら、一旦この状態を解除しますけれど、この状態でずっといながら、「コーチ、コーチ、コーチ、コーチ」というふうにやっていくんですね。

　ちょっと記憶を変えますが、今朝、自分は何を食べましたか？

被験者 B　朝はパンを食べました。

岡本　パンを食べました、食パン？

被験者 B　えーと、何かビーフシチューの入った。

岡本　ああ、若者は元気ですね、若い人は朝からビーフシチューを食べました。今、ちょっと笑いましたけれど、その状態で、（両腕を両膝の上で浮かせるような所作をして）こういう恰好をしたら、早くその状態に戻ります？

被験者 B　はい。

岡本　戻りますね。

被験者 B　はい。

岡本　で、何か、何か独特な快適さがありますよね。

被験者 B　はい。

岡本　そうですね。はい、そうしたら、この状態で3分間、また測定をして、唾液の測定もしますので、そうしていてください。

被験者 B　はい。

岡本　Zoom でご参加いただいている方は、解除していただいて、解除する方法は、一般的には、こういうふうに置いている手を、こうやって握って(握りこぶしを作って)ちょっと動かすとかするわけですけれども。

　ここで、生理的測定がどのように出ているか、解説してもらいましょう。

小林　今実践された方、最初の状態のアンカリングの話をしているときから、生理反応を測定していました。脈波から計測した心拍と、末梢の皮膚温度、SC (皮膚電気活動)、など自律神経系の反応を継続的に測定していました。併せて、唾液アミラーゼ活性度という、これも交感神経の活動レベルを測るようなものを、事前・事後でとりました。

　結果をご覧に入れます。

　グラフの上から皮膚温、SC といって皮膚の発汗反応、脈波、心拍数となっています。「皮膚温度の変化」は、これが上昇するとリラックス、あるいは落ちついて交感神経の活

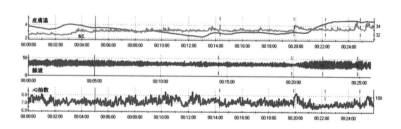

図6-2　被験者Bの生理測定グラフ

動が下がっているということです。逆に緊張すると下がります。

　上から2番めの線のSCは、スキンコンダクタンスという皮膚電気活動の一種で、皮膚の発汗反応です。これが上昇しているのは交感神経活動の活性化という状態です。

　上から3本めが「脈波の波形」で、これは見ただけではちょっとわかりにくいのですが、パッと見て、これが太くなっているのは脈波の波高が高いというのですかね、どちらかというとリラックスと考えてもいいかもしれません。最後が「心拍数の変化」になっています。

　ちょうどこの最初の縦のイベント線が入っているあたりが、実際の「COACHトレーニング」の実践が始まる少し前あたりになります。実際にここでは、ここの期間でトレーニングというかコーチングの実践をして、その後、確か「今朝何を食べましたか？」という質問が入りましたよね、それがこの3つ目の縦のイベント線のあたりです。

　そのあと、少ししてから、「何か触っていて思い出した」というのをやりましたが、それをやったところで、「顕著に皮膚温が上昇し、心拍が下がっている」という反応がみられます。直前（3つ目のイベント線）に反応しているのは、「朝ご飯何食べましたか」と聞かれた直後で、その反応でコンダクタンス（上から2本目のSCのグラフ）があがり少しドキッとした反応が出ているのだと思いますが、そのあとの、「コーチ、コーチ、コーチ」というセルフ・アンカーを入れたところから急に皮膚温が上昇しています。

　セルフ・アンカーの段階でグーッと落ちついた状態というのが出ている、心拍も下がっていますので、ちょっとおもしろかったな」というのがあります。

　あとは、「唾液アミラーゼ」というのも前後で測っていました。最初が57という値、終わったあと、もう1回測ったときは98ですから、上がっていたんです。ただ、これは測定するタイミングも微妙なものがあって、最初の測定段階

が、もしかするともう落ちついている状態だったかもしれませんので、その後何かの活動して、「もう1回測りましょう」となると、比較すると若干の緊張状態として出て来たのかもしれません。はっきりとはわからないですが、こういうことはよくありますので、という話です。

★質疑応答

　もしも何かご質問があれば、この時間に承りますので、ご質問でもコメントでも、どうぞよろしくお願いします。どなたか、いかがでしょうか。

I　よろしいですか。

岡本　はい。

I　アンカリングするときは、皮膚刺激を与えるのが一番手っ取り早いのですか？

岡本　それは、練習のステージで違うんですね。アンカリングは、刺激を与える部位を正確に守ることが必要です。これ、かなり大変で、毎回同じところに触れるということです。例えば、ここでアンカリングしておいて、それが5ミリくらいずれると入らないということがあるわけです。それで、最初のうちは、同じ部位をつかめるようになる練習というのを、やはり何週間かするわけです。

　二の腕の今日の部位は一番初動の練習の方法ですけれども、上手になってきますと、どこでも入れられるようになりますし、上手な人は、例えば、カウンセリングをしながら、気づかれにくい部位でアンカリング入れたりしています。

　私の先生で非常に上手な人はですね、母親に対するクライアントのいろいろな思いを聞いてあげるわけですが、お母さんに対してポジティブな思いが出てくるときと、ネガティブな思いが出てくるときがありますね。そのとき、気づかれないくらいに、ネガティブな思いが出てきたら手の

こっちを触るとか、ポジティブな思いが出てきたら別の部位を触るということをするわけです。そうすると、今度、触る場所を変えることで、パッと切り替えもできるというようになってくるのです。

　もっと上級のテクニックでは、ガイドの声でアンカリングをかけるというのがあります。何通りかの声を確実に出せないといけないのですが、このように、アンカリングという技術は非常に多様な応用範囲を持っているのです。

　一番最初に練習するときは、二の腕の後ろ側で練習するというのを NLP の研修の中では通常の手続きにしています。

　「ここというのは、どこか」と申しますと、二の腕の後ろ側に一番皮下脂肪の少ないところがありますでしょう？

　腕の局面がギュッと反ったようになるところです。そこが皮下脂肪がなくて、握った感触が直接伝わりやすいので、慣れてくると服を着ている人の腕でもパッと、腕の感じで見抜けるようになるんですね。慣れないうちは、服の模様を目標にするとか申しますけれども、ほぼほぼ同じ場所を毎回握れて、かつ割と強い力で揉むのです。リズムを変えるとだめなので、1.5秒に1回くらいのペースで揉みます。そういうふうなところから練習していくというふうにしております。

　お答えになったでしょうか。

I　ありがとうございます。かなり細かい分析が必要だなと、わかりました、ありがとうございます。

岡本　はい、ありがとうございます。ほか、いかがでしょうか。

Q　今のアンカリングのところで、私も支援をするような立場になっている仕事があって、「ちょっとタッチしたくなるな」というときもあるんですけれども、こういうタッチすることのリスクとかありますか。

岡本　原則は、まず少なくとも「ここ、触っていいですか？」と尋ねるようにすることです。そのように指導しています。

私の学生さんの１人で、その人の治療にとって、ある先生が、どこかに非常に重要なアンカーを入れた、それが割と練習に使いやすいところなのですが、その学生さんは、「そこは触ってくれるな」というふうに言います。

　それから、今ご時世ですから、「セクシャルハラスメントではないか」ということもあり得るので、必ず、「ここ、触ってもいいですか？」とか、言葉で許可を求めるということは必須のように通常指導しております。

Q　常に何かアンカリングされていない人だったら、許可を得てタッチするということは、やっても大丈夫という理解ですか。

岡本　「会って５分後に」というのは、ちょっと難しいでしょうが、ある程度信頼関係があれば、大丈夫だと思いますね。私は今まで特にトラブルになったことはないです。

　NLP では、アンカリングを入れるのを非常に大事にしていまして、どういうカウンセリングも、始める前に必ずアンカリングを入れます。カウンセリングの本題に入っていくと、つらい話を話させなければいけないわけです。つらい話を話している最中に、相手がパニックというか、急に涙がバーッと出てきたりということがあるわけです。

　そのことに備えるために、一番最初にアンカリングを入れておいて、ちょうど、きょうごらんいただいたように、ちゃんと確認をしておく。アンカーが入ったことを確認した上で、つらい話を聞かせていただくというのは、NLP の場合、厳然と守るというのが通例です。説明が必要な場合には、そういう説明をして、触るということをします。アメリカ人なんか、もともと社会全体が人と人が触れ合うということの敷居が低いですが、日本ではあまりしませんから、言葉で了解を求めるのがよろしいかと思います。

Q　はい、ありがとうございました。

O　思い出したのですけれど、私、学生に臨床動作法を実践したことがありまして、そのとき初めてだったのですけれど

も、その子は、父親から性的虐待をされていてパニック障害のある学生だったのですが、看護学生で、「とても、とても実習なんかできない」という恐怖感があったんですけれど、今、先生がやられたように、まず腕を触ったんです。

　最初はすごい恐怖感があって、「人に触られる」というのが、とても恐怖感を持っていた方だったんですね、今のような正式なやり方はわからなかったんですが、「動作法と組み合わせてやると、こういう効果があるんだ」ということで、今パニックが治まりました。

岡本　そうですか。

O　ええ。信頼関係をつくるのにちょっと時間がかかりましたけれど、でも、彼女は「パニックが治りたい、資格を取りたい」ということで、熱心に私のところに通っていたのだと思うのです。正式なやり方はわからなかったんですが、類似の技術でその子を治療することができました。

岡本　アンカリングというのは、NLPの第一世代理論の中では、今の第四世代のNLPよりもうんと比重が重いのです。第一世代のNLPでは、「ネガティ・アンカー」という技術も積極的に用いたのですが、今あまりやりません。でも、例えば、日本で出ている『こころのウイルス』という非常に優れた訳本がありますが、それをごらんになると、「ネガティブ・アンカー」の事例が随分出ているわけです。

　そうすると、例えばPTSDのようなものは広い意味の「ネガティブ・アンカー」というように解釈することができるわけですね。その「ネガティブ・アンカー」を使う技術体系の中には、同じようにして、例えば、ある部位にネガティブな思い出などのアンカーを作る。それとは別に、先に「ポジティブ・アンカー」を別の部位につくっておいて、「ネガティブ・アンカー」ができた時点で、両方のアンカーを押してしまう「スマッシング・アンカー」という技術がありました。第一世代NLPでは、技術の1つとして積極的に教えていて、試験の種目にもなっていました。

古典的な技術だけれど、ばかにできません。随分適用範囲があるものなのです。第一世代以降は、ネガティブ・アンカーを積極的につくることは禁忌の1つのように教えるようになったのです。

　ついでにほかのことを申しますと、先ほど私のアンカリングでもご覧いただいているのですが、「あっ、今匂いがしてきたんですね」「今壁が見えていますね」というように、ほんの少し先回りして私が指摘することによって、ポジティブな気持ちがものすごく強く出てくるということがあるわけです。

　実は、記憶訴求として今行われているものが、ヴィジュアルな訴求か、聴覚の訴求か、匂いの訴求かというものを判断する訓練というものを随分するわけです、そういうふうにして、ほんの少し先回りすると、アンカーがとてもうまく入るわけです。

　「ネガティブ・アンカー」をつくるときでも、例えば、性的な問題、性的なストレスがあった人は、やはり身体のあちこちに、自分でも思いもかけないくらいアンカーがあるわけです。そうすると、そこで一足先に「何か嫌な匂いがするんだね」「足音が聞こえるんだよね」とか、いいタイミングで言うと、「ネガティブ・アンカー」が強く出てきますけれども、言ってあげることによってその方はこちらに信頼感を持ちます。そういうふうにキーワードで出してあげることによって、実は、「あまり詳しく話さなくて済む」ということがあるわけですね。

　ですから、プライバシーに対する逡巡というものが大きくならないように、ある程度抑えながら、クライエントの方と向き合う、非常に基礎的な技術を鍛えるのが、実は「ポジティブ・アンカー」の練習です。

　NLPの専門家は、上手な人ほど「ポジティブ・アンカー」をさりげなく上手に入れるのです。それは本当に見事なもので、手品みたいな感じがするくらいです。ですから、こ

れ1つでも、随分心理学的な技術の基礎的な訓練になると思っております。

岡本 ほかに何かございませんか。

J もう一ついいですか。ちょっと今の説明で聞いたのかどうかわからないのですが、原因が何かある特定の構造なり、考えなり、変化をするときには、必ずそれに伴って人間の脳神経系の回路、特定の回路か何かが形成されているのだろうと思うのです。今、私が言葉を発していたら、私の脳神経系の中の回路は、多分何か特定のパターンになっているのだと思うのですけれども。そのパターン、例えば、楽しいことを想起したり、思い出したり、話したりしているときに、皮膚刺激を与えたら、パブロフの条件反射のように、僕の脳神経系に生じる自分の中の神経回路の新しいパターンが皮膚刺激で条件反射的に形成されるのかなと思っていたのですけれど、そういう考えはおかしいですか。

岡本 いえ、おかしくないです。ただ、NLPの場合、アンカリングは皮膚刺激だけではなく、皮膚刺激以外のアンカリングがいろいろあります。ロケーション・アンカーという言葉もありまして、特定の場所に行くと特定の感情になるということで、例えば、私は明治神宮に行くと、受験生として明治神宮に一番最初行ったときの気持ちを思い出すのですけれど、そういうように、例えば場所でアンカーが入ってくる部分がある、あるいはヴィジュアルな刺激でアンカーが入っている部分がある。

　NLPの場合、そういうものを、ある程度自己発見しながら、自分にとってのアンカーというものを整理している、あるいは、ガイドがクライエントを導く場合には、クライエントにとってのアンカーというものを整理していってあげるということをしているわけです。NLPのニューロロジカル・プログラミングという、これは造語ですけれど、それは要するに神経反応に実は1つずつ言語的なタグをつけていくんだという考え方です。ですから、不都合なPTSD

などは、タグと神経的反応のつながりを変更することでプログラムの変更ができるのだという考え方がベースにあります。

　上級者になってくると、私の声だけで、例えば、何か楽しい話を聞いて、「ああ、本当？（嬉しそうな声）」という声を出す、それがうまくいっていると、次のときから「本当？」と言った瞬間に、「ああ、あの話だ」「あの世界だ」という反応がガイドの方に起こるので、声の出し方の具体的な訓練を随分するんです。

　お答えになったでしょうか。

★質疑応答

岡本　以上で、きょう用意してきたメニューはすべてですが、せっかくですので、小林さんの前半と、きょう私のご案内したものを2つ合わせて、ご感想、今後に対する、「こういうものはないのか」というご要望とかあったら承りたいです、よろしくお願いします。

　Kさん、いかがでしょう。

K　きょうはありがとうございました。

岡本　ありがとうございました、いつもありがとうございます。

　もう1つはマインドフルネス、いろいろなやり方があると思うんですが、今回教えていただいたものも、いろいろなやり方、広がりがあるんだなと思って、1人1人が自分に合ったやり方とかを選択することができるといいなと思いました。

岡本　ありがとうございました。Oさん、いかがでしょう。

O　岡本先生のはいつもおもしろい、日常で役に立つことを教えていただくので、すごくこのワークショップを楽しみにしております。

岡本　ありがとうございます。Mさん、いかがでしょう。

M　どうもありがとうございました。ニューロフィードバックのほうは、研究の分野の最前線を知ることができたので、とても今後の発展が楽しみだと思いました。

　　岡本先生の後半のほうの技法は、どれもこれも簡単にできてわかりやすいということで、とても役に立つものだと思います。よい年末を迎えられたと思っている次第です、どうもありがとうございました。

岡本　どうもありがとうございました。

　　Yさん、いかがでしょう。

Y　ありがとうございます。知識不足なので、初心的に教えていただいたのですが、岡本先生のは取り組みやすいので、日々取り組んでいきたいなと思いました。

岡本　どうもきょうは、年末のお忙しい時期でしたのに、どうもありがとうございました。これで終了とさせていただきます、ありがとうございました。

7章

セルフ・ダイナミック・スピン・リリース

岡本浩一

(東洋英和女学院大学教授)

★フローチャート
（立位が望ましく、前方の視界が3メートル以上あることが望ましい）

1-1° 偏頭痛など身体的不快の場合：　その身体的不快に関連している身体部位をイメージのなかで特定し、深呼吸しながら、それを片手の手のひらに取り出す（今後、それを「パート」と記す）。

1-2° 不安や怒りなど心理的不快感の場合：　その心理的不快感に注意を向けると、それが中心的に宿っている部位が身体のどこかに特定できる。それをイメージのなかで特定し、深呼吸しながら、それを片手の手のひらに取り出す（今後、それを「パート」と記す）。

2° それを目の高さにかかげ、手のひらのうえでパートをしばらく眺めたら、それの (a) 形、(b) 色、(c) 表面の動き、(d) 重さ─軽さ、(e) あたたかさ─つめたさなどをひとつひとつ確認する。

3° それをさらに1メートルほど前方にそっと投げやって浮か

べる。浮かんでいるパートをしばらく眺めていると、どれかの方向に自転していることに気づくので、指でその自転の回転方向と回転速度を真似る。

4° 真似ている指の回転速度を、半分、その半分、そのまた半分……というように遅くして行き、停止する。

5° 指を逆に回転しはじめる。回転速度を、2倍、その2倍、そのまた2……というようにどんどん速くしていき、極限の速さになると、それが破裂するイメージが起こる。

6° 破裂した飛び散った「破片」のイメージを見る。色が変わったかなどを確認する。

7° その破片を自分のなかに戻したいかどうか、考える。

8-1° 戻したい場合：飛び散った破片を手で寄せ集める所作をして、自分のなかに戻す。戻したら、深呼吸をしながら、破片が自分のなかで定着する時間を待つ。

8-2° 戻したくない場合：大きく息を吸って、思いっきりその破片をイメージの中で遠くへ吹き飛ばす。

講義

　ダイナミック・スピン・リリース（Dynamic Spin Release）という技法は、ティム・ハルボム、クリス・ハルボムの夫妻によって開発された技法です。特定のストレスなり、何か心配事、苛立つようなことがあった、あるいは、今あるのだという場合、自分でその不快感を軽減しようという方法のご提案です。

　この種の技術は、いわゆる自我療法と呼ばれていて、ブリーフセラピーにも使われるテクニックになると思います。

　心理学では自我と自己をわりあい厳密に区別します。自我というのは、何かしたいこと、例えば、「このレポートをいいものに仕上げたい」これも自我です、あるいは「今りあえずご飯が食べたい」、これも自我、「有名になりたい」、これも自我だと、あるいは「隣の人を殺してやりたい」、これも自我だということです。古典的なフロイト的な概念です。

セルフというのは、全体的に統一の取れたもので、日本語に訳すときは「自己」といって区別しています。フロイト的な言い方でいうと、「『超自我』というものがあって、超自我というのは倫理観みたいなものが内面化したものだ、自我の中で倫理的に問題があること、あるいは実現可能性の低いこと、そういうものは超自我のところでチェックされて、そこを通ったものだけが行動に移される可能性があるのだ」、そういう理論体系を取っていると思います。

　ですから、自我というのは、1つ1つの欲望の単発で、例えば、「矛盾した自我を2つもつ」ということもあるわけです。例えば、「この人に一度喧嘩をしかけてみたい」という自我と、「そういうことをやって、他の問題でややこしくしたくない」という自我、そういう両立しにくい自我があるときには、超自我というものも関連してきて、そして自己として最終的に、その2つのどちらを選ぶのか、あるいはその2つを折衷した第3の選択肢を考えるのか、そういうことになるわけです。

　今申しましたように、自我というのは、そういう意味で、いろいろな矛盾する要素を含むわけです。矛盾する要素を含むということは、言葉でというか、言語を思考の対象として使って処理をしようというとき、どうしても矛盾が明らかになってくるので、自分で、そのことについて、それ以上考えようとする場合も、言語上、矛盾のチェックというものが入ってきますので、考えが十分進まないということがあるし、あるいは自我の中に含まれている、ある種の体感的な願望なのだけれど、それが言語化されないために、自分の中でうまく認識できないということもあるわけです。

　ですから、自我療法というものは、大概、例えば身体の中で、「こいつを殴ってやりたいと思ったときに、どこら辺にその気持ちが宿っていますか？」と尋ねるということをします。本当は身体的な部位ではないわけだけれども、「ここにこの気持ちがあります」と言って、例えば1つの色彩、形、温感とかを伴ったもののイメージとして考えることが可能になってく

るわけです。

　ダイナミックスピンリリースというテクニックは、それを考えたときに、体感上の要素を特にスピンというもの、それはもちろん投影なのですが、投影したスピンというものに、いったんメタファーとして置き換えて、そのスピンに対処することで適応水準を上げようという方法になるわけです。

　これから、皆さん方も、まずストレスを1つ、考えていただいて、どうしてもみつからない方は、身体的な不快感でも構わないです。例えば、今しばらく、こうやって椅子に座っておられましたから、「椅子に座っているお尻のあたりが、何か硬くなっている感じがする」とか、そういうこともあるかもしれないし、「喉が渇いている」というような不快感でも結構です。より積極的には、例えば、「きのうの会議で、ちょっと腑に落ちないことがあって、モヤモヤしている」とか、あるいは、今日みたいな模擬的な練習で、いくらか無難なのは、高校のときの友だちなんかで自分をいじめた、「もう会わない人だけれど、あの人のことを考えると、ちょっと苛立つな、腑に落ちないな」、そういうものを、まず何か1つ思い浮かべていただきたいのです。

実演

岡本　私の被験者の方にも思い浮かべていただいて、それは何か聞いてみましょうね。

　　いま、ちょっと苛立っていることは何ですか？

被験者　理不尽なことを言われたことです。

岡本　それがあるんですね。ちょっとアミラーゼと血圧のデータが欲しいのですが、血圧取っているときは、その理不尽なことを考えていてくださいね。

被験者　はい。

岡本　皆さんも思いつかれましたでしょうか、「まだだ」という方は手を振るか何かしてくださいますか、よろしゅうございますか。

それでは、本来、自分自身でやっていただくことですが、きょうは私がささやくようなつもりで申しますので、私の声をご自身の内言（心の中の声）だというような気持ちでお聞きになっていただいて、やり始めると、1分くらいで終わってしまうので、どうぞ一緒になさってください。

　では、その不快なものを考えると、身体の中のどこかにちょっとした緊張というか、不快感が出てくると思うのですね。……特定できると思います。もしかすると、頭の奥のほうだったり、背中の奥のほうだったりしますけれど、1、2度、深呼吸をしながら、それをスーッと自分の首のあたりから手の上に出して、自分の手の前に、こういうふうにまず持ってきていただきたい。こういうふうに持ってきてください、自分の目の前にですね。

　それを見ていただいて、色があると思います。重さもあるかもしれません。あたたかい・つめたいの温度もあると思います。それが出てきたら、それを風船をちょっと投げるようにして、自分の眼の前、50〜60センチのところに浮かべてください。浮かびますから、スーッと投げて浮かべてください。……はい、浮かんでいるのをジーッと見てください、先ほどと同じ色ですね。

　よーく見ると、どこかの方向にスピンしています。……そのスピンを指でなぞってみましょう、こういうふうに指でなぞってみましょう。……指でなぞりながら、そのスピンを半分くらいのスピードに落とします。……今度は4分の1のスピードに落とします、8分の1のスピードに落とします。……止まります。

　そうしたら、逆に回し始めて、まず8分の1、速く2分の1、元と全く同じような速さで、逆方向に回していただいて、今度は2倍、もっと速く4倍、もっと、もっと、もっと速く、

目が回るくらい速く回していくと、そのうちパーンと破裂します、ずうっと回していって、……パーンと破裂しました。

　部屋の中に散りましたね。散ったものの色をよく見てください。……色が変わったでしょうか。その散ったものを、もう１度自分の体の中に戻したいか、戻したくないか、今決めてください。

　戻したくない人は、それを思いっきり息を大きく吹いて、フーーッと吹き飛ばします。戻したい方は、それをスーーッと、もう１度、喉のあたりから集めて、自分の体の中に入れると、元の場所にいって、しかし色も変わっていますから、先ほどと違う感覚で落ちつきます。落ちついていったら、１、２度深呼吸をしてみてください。

★質疑応答

岡本　これはもともと誘導するガイドとクライアントが二者でする技法で、それをきょうは１人でやってみる試みをしたのですが、またそのご感想のようなことをお伺いしたので、お１人ずつ当てさせていただいてよろしゅうございましょうか。先ほどと同じ順番でＫさん、どうでしたでしょうか。

Ｋ　うまくいったという感じはしないです。イメージが、今ひとつ……、「もうちょっと時間が欲しかったな」という感じです。

岡本　ああ、そうですか。すみません。Ｆさん、いかがでしたでしょう。

Ｆ　私は初めてで、よくわからないままやったんですが、すごく不思議な感覚があって、これがどうなっていくのだろう。

岡本　「不思議な感覚」って、もう少し詳しくおっしゃってくださいますか。

Ｆ　何というのでしょうかね、まだ言語化さえ、よくできない。

岡本　はい、わかりました。そういうのは大体、言語化しないほうがいいのです。Ｓさん、いかがでしょう。

S　今回はガイドがあったので、それを自分が理解しようという頭を使ったのですが、逆に言うと、これをガイドなしで自分でやったら、もっと、もしかしてスムーズにいくのかなと思ってしまったりしたんですが、どうなんですかね。

岡本　私のご提案は、これをまず自分がガイドとして、だれかお子さん、学生さん、親しい人に何度かやってみるのです。大体喜ばれますし、何度かやると自分でも要点がつかめます。私がきょう添付でお送りしたフローチャート（本章冒頭）は割合詳しく書いてありますので、2、3度、どなたかになさってあげていただけると、これをむしろ削る方向で、自分自身のもっと端的な箇条書きを作れるわけで、それを下敷きみたいに見ながらやっていただくといいのではないかと思います。

S　ありがとうございます。

岡本　Ｍさん、いかがでしょう。

M　自分はそんな意識はなかったのですけれど、終わってみたら、すごく不安がなくなりました。

岡本　ああ、そうですか。よかったです。例えば、神経が立ってしまって眠れないときとかありますでしょう、会議の日とかですね。そういうときに、とりあえず安眠するための方法として割合、自分でも使うのです。

　あと例えば、運転するとき、怒った状態で運転していると危ないですから、気持ちが落ちつかないままエンジンをかけなければいけないようなときに、慣れると、これは30〜40秒で、とりあえず効果があるので、使うことがあります。

　Ｙさん、いかがでしょう。

Y　ありがとうございます。質問ですが、「何か嫌だな」と思うことがあったときに、事柄自体は人によって嫌だったり、嫌ではなかったりするじゃないですか、事柄を飛ばすイメージなのか、それとも「嫌だな」という気持ちを形とした

イメージなのか、どちらのほうをイメージするのがいいのですか。

岡本　どちらでもなくて、「嫌だな」と思っているものが自分の身体の中にガスみたいに、どこかに固まっている、それを出して、一度手の上に置いて、そして空中に浮かべて飛ばすという感じです。だから、そこのところで、実は1段階か、2段階の抽象化の過程が入っているのです。

　　　Pさん、いかがでしょう。

P　私は今まで嫌なことがありますと、イメージとして、「パソコンのゴミ箱の中にその嫌なものを入れて、ゴミ箱を空にする」というのは、しょっちゅうやっていたんです。ただ、これは爆発させるということと、色を一致させてみるという点が違っていて、私の場合、実際、嫌なことをイメージしていたんですが、それを自分の中に入れたいということは、なかなか思いつかないことでしたが、今日はそれをやってみたんです。

岡本　入れたかったんですね。

P　入れたんです、「入れたい」と思った、自分は考えても嫌だったことだったのに、また体の中に入れた。

岡本　色は変わったんですか。

P　色、変わりました、嫌だったことが、色が変わったことによって、体の中に入ってもいいと思えたことが不思議でした。

岡本　長谷川さんは。

長谷川　私は、回転のイメージが、スピン、ワーッとすごい高速したのがおもしろいのと、爆発するのがピンクとすごく何か……

岡本　よく2色になりますね。

長谷川　戻すというのは嫌なので、そのまま消えていくイメージで、すっきりしました。

岡本　この方法が生まれたのには歴史的な経緯があって、1番最初は偏頭痛の対処法として出てきたんです。偏頭痛の

人は、この技法を用いるとスピンしているそうで、創始者のクリス・ハルボムが、たまたま逆に回してみたら偏頭痛が止まったという経験があって、それから体系化されるようになったのです。

　私は左の腰椎が潰れているので疲れが蓄積すると定期的に腰痛が起こるのですが、最初の研修でこの技法を試みたところ随分楽になりました。また、腰椎に原因があるような痛みの中にも、心理的に増幅している要素があるのだなということにも気がつくきっかけになりました。

　もともとは、そういう身体的な不快感に対する対処法として発達したのです。そのうち、例えば、嫌いな人を思い浮かべると「嫌だ」と思う気持ちがどこかに局在しているというふうに認識できるので、生理的な不快感に準じて扱って、効果のある場合があるという経験がたまってきたわけです。

【生理的データ】

岡本　これも生理的データは、今見られるんですか。

小林　共有します。今表示しているのは後半の開始した部分です。

岡本　前半とおっしゃっているのは説明しているところですね。

小林　はい、今回、はっきり生理反応の特徴がわからないのですが、それは、恐らく、「じゃあ、ここから、そのことを考えてください」と言って考えてもらった時点よりも割と前のほうから、その嫌なことを考えていたので、始まる前のところから、SC（皮膚電気活動）などの反応や、皮膚温の低下がみられたのだと思われます。

岡本　もう、前に出てきてくださった時点でね、なるほど。

小林　そういう反応が出ていると思います。

岡本　でも、ダイナミック・スピン・リリースをやることに

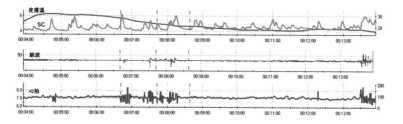

図 7-1　セルフ・ダイナミック・スピン・リリースの生理測定

　　よって皮膚温は逆に下がっていますね。

小林　考えているときは、そうですね、実際にやっているときは、リラクセーションではない（運動しているので）ので、あまり皮膚温が急に上がるというような変化はみられていません。

岡本　わかりました、ありがとうございました。

★Zoom 参加者との質疑応答

G　最後にやった破裂させて投げてしまう・戻すというものですが、その場では、一旦ワーッと投げてなくなったとなっても、多分また戻ってきて、また出てきたりということもあるのではないかと思いますが、これは何回やってもいいのですか。

岡本　何回やっても大丈夫だと思います。それも微妙に色が変わってきたりしますね、「きのうはこんな色だったのに、きょうはこんな色だな」とかですね。Y さん、いかがでしょう。

Y　ありがとうございます。知識不足なので、初心的に教えていただいたのですが、岡本先生のは取り組みやすいので、日々取り組んでいきたいなと思いました。

8章

未来からの手紙

長谷川明弘
（東洋英和女学院大学教授）

★フローチャート

1° 今の気持ちを10点満点で評定する。最高を10点とし、最低を1点とする。

2° 未来の日付は、1週間、1ヵ月、半年、3年、5年、10年、15年、20年など自分の中で意味ある先の未来を設定する。最初に未来のいつ頃からの自分から届いた手紙にしたいかを考えて、後ろの頁にある手紙の日付欄に日時を記載する。

3° 時間が経過して、自分が成長し、理想の生活をしているところを想像する。この「未来」の中では、自分がが抱えている問題が解決しており、満足いく対処法が見つかっていると想像する。それらの問題や課題を解決するのに役に立ったことを具体的に想像する。末尾にメモ欄A）があるので活用する。

4° 未来から届いた手紙の中の時間は、あなたが喜びに満ちた日々を過ごしていて、健康で納得のいく望む生活をしています。どのように時間が経過し、どんなところで生

活をして、過去や未来をどう考えていて、どんな人付き合いをしているのでしょうか、またどんな考え方で日々を過ごしているのでしょうか、これらを具体的に記述する。未来像を想像するためには、実現性や現実性を気にしないで、可能な限り細かい描写をしてください。

5° 手紙を書き終えたら、1度筆記用具を置いて深呼吸をする（両手を上げて背伸びをしてもかまいません）。書いた手紙のことから少し気持ちを離す。

6° 気持ちを切り替えた後、今度は、今のあなたが、届いた手紙を読み直してください。

7° 未来の自分から届いた手紙を読んで感じたこと、考えたことをメモしてください。末尾のメモ欄B) を活用のこと。

8°（小グループ実施の場合）　メモしたことについて、小グループの中で共有する。ただし手紙の内容に触れる必要はない。自分がどう感じたかを話題にする。そして何を始めようと考えたのかを共有する。一人で行ったときは、感じたこと、湧いてきたことを言葉にしてメモしてください。

9° グループで話し合ったことをもとに再度自分が感じたことと考えたことをメモする。末尾にメモ欄C) があるので活用のこと。さらに、メモを読んで改めて考えたことを言葉にしてメモする。

効果測定

　手紙を書き終えた今の気持ちはどのようであるか評価する。10点満点で、「最高を10点とし、最低を1点としたら現在の気持ちは、何点となるか？」と気持ちを評定する。

　気持ちの自己評定／スケーリング・クエスチョン・効果測定

講義：未来からの手紙の理論背景

　「未来からの手紙」という手法の理論的背景についてお話

表 8-1　心理療法を時間軸で分類

・過去に焦点を当てるアプローチ
　　－精神分析
・現在に焦点を当てるアプローチ
　　－クライエントセンタードアプローチ
　　－認知行動療法など
・未来に焦点を当てるアプローチ
　　－ブリーフセラピー

をします。

　今回は、私の専門の一つであるブリーフセラピーを取り上げています。ブリーフセラピーを援用した手法のひとつが「未来からの手紙」です。

　心理療法そのものが、どういう分類ができるかを考えてみます。表8-1「心理療法を時間軸で分類」をご覧ください。心理療法を時間軸で区分してみました。過去に遡って幼少期の何かトラウマであるとか記憶というものを取り上げて、過去に焦点を当てるというのが精神分析です。クライエントセンタードアプローチが「Here and now」、すなわち、「現在の今、ここで」ということに焦点を当て、認知行動療法でも、「今ここでの状態で学習したものを取り上げる」という点で現在に焦点を置いた手法です。ブリーフセラピーは、未来に焦点を当てることが特徴です。

　ちなみにEMDRは過去から現在、未来、どこにでも焦点を当てようとしている体系をもっているようです。実践をしているわけではないのですが、文献で読むとそのように理解できました。

　ブリーフセラピーでも様々なやり方があります（宮田, 1994; 長谷川, 2019a）。その中でも「解決志向アプローチ」があ

り、スティーヴ・ディ・シェイザー（Steve de Shazer）やインスー・キム・バーグ（Insoo Kim Berg）を中心として1980年代に米国のミルウォーキーで飲酒問題を取り扱ったりする家族療法を実践するチームによって開発されました。ディ・シェイザーは、ミルトン・エリクソン（Milton H. Erickson）に傾倒して、影響受けた研究論文を書いていましたが、「将来像が描ければ、過去の原因を遡らなくても、状態がよくなる」という方法論を心理療法として構築していき、解決志向や解決構築というスタイルをつくっていきました。

　キム・バーグは面接に卓越した方で、解決志向アプローチで有名なミラクル・クエスチョンという技法を考案するきっかけとなりました。これは「未来の時間軸を先取りする」という技法で、文献を読むと、相談を受けていく中で、対応に困ったとき、「奇跡が起きてよくなった状態というのは、どんなふうなの？」と聞いたら、それを機にクライエントがガラッと大きく変わったと報告しています。チームは、「未来を聞くということが1つの手掛かりになる」ということに気づいたのです。

　エリクソンというと、心理社会発達の8つの段階を考案し、心理学にモラトリアムを取り入れた、アイデンティティのエリク・エリクソン（Erik Erikson）を連想する方が多いですが、その人とミルトン・エリクソンは別人です。心理学の世界には、催眠のエリクソンとアイデンティティのエリクソンの2人がいるということを知っていただけたらいいと思います。ミルトン・エリクソンという方は、世代的にエリク・エリクソンと変わらないのですが、1902年に生まれて1980年に亡くなっています。ポリオを患った後、体が動かなくなったのですが、それを自己催眠も行って歩けるまで克服をしていったことが、1つの特徴です。「天才的な心理療法家」と呼ばれていましたので、すごく万能な人のように聞こえてしまうのですが、実はうまくいかなかったケース、心理支援を断ったケースもあります。エリクソンという人は農家で育ったというバックグ

ラウンドがあり、「今、種を植えたら、未来、どうなってくるんだろうか」という考え方をお持ちでした。なお農学を専攻していたカール・ロジャーズにもミルトン・エリクソン同様に未来志向なところがあります。

　先に本シリーズ企画で出した書籍の中に書いてあります（長谷川,2019aを参照）が、ブリーフセラピーや家族療法の中にMental Research Institute、略称でMRIというやり方があります。ディ・シェイザーは、エリクソンのところにジェイ・ヘイリー（Jay Haley）とともに学びにいったジョン・ウィークランド（John Weakland）から、いろいろな影響を受けた上で独立してBFTC（Brief Family Therapy Center）というのをつくったのです。BFTCが解決に焦点を当てるやり方を強調したことから解決志向アプローチ（Solution Focused Approach）とも呼ばれるようになり、略してソリューションと呼んだりしています。ちなみにヘイリーがストラティージック・アプローチを始め、ウィークランドがMRIをチームで始めた中の一人です。

　BFTCがチームで実践している中の1人にイボンヌ・ドラン（Yvonne Dolan）という方がいらっしゃって、その方が2014年に来日した折に「未来からの手紙」というワークショップを紹介されました。それを今回は皆さんにアレンジしてご案内できればと思っています。

　ディ・シェイザーがエリクソンの影響を受けた点を説明しますと、催眠の解説にもなるのですが、「年齢退行」といって時間軸を過去に遡る手法があります。時間を過去に遡って昔の記憶を遡らせるというのがあります。「過去の幼少期の或る体験から今の問題があるのなら、昔の記憶を遡って、その記憶を再体験することによって、今の状態を直していこう」というアプローチで、精神分析の影響を受けています。エリクソンはアイデアが豊富で時間軸を過去に遡るのではなく、「未来に時間軸を先送りする」という催眠誘導を行っています（Erickson,1954）。「未来の状態が水晶玉の中に見えてくるよ」という暗示を与えていって、よくなった状態が水晶玉の

中に見えてきて、催眠状態から覚めたら、それを自然と忘れる、健忘した後、クライエントは日々の生活を過ごして、また面接にて報告に来ると、水晶玉の中で語っていたことを実際の生活の中の行動でやっていた、「クライエント自身は自分の中に答えを持っていたのではないか」という解釈ができる。水晶球テクニックや偽時間定位法として呼ばれる方法です。ディ・シェイザーは、エリクソンの水晶玉テクニックの技法との類似性を論じています（de Shazer,1985）。

　ブリーフセラピーでは、催眠を使わないで同じような成果が得られないかということを特に工夫しています。トランス無き催眠療法と呼んだりしています。臨床動作法も工夫の上で開発されたのは同様です。ちなみに多くの心理療法は、催眠に起源を持つと考えられます（長谷川,2019b）。例えば、他のところで取り上げた臨床動作法だけでなく、精神分析、系統的脱感作などが代表的です。

　解決志向アプローチの解説をします。解決志向アプローチは、問題の原因を追及しないで、問題が解決した状態像を積み重ねていく解決構築を行うことが大きな特徴です。「今、不調なのは、過去のこれが原因である」ということよりも、「今、どういうことを望んでいて、どうなっていきたいか、それは既に存在していて気づいていないだけではないか」ということを未来に向けて積み重ねていくことをします。

　解決志向アプローチプローチの前提としては、「変化は絶えず起こっており、必然である」ということ、言い換えると、常に人は変わっていて、同じ状態ではいないというところです。「小さな変化の積み重ねが大きな変化につながっていく」という波及効果を想定していること、「クライエントは自らの問題を解決するためのリソース（資源）を持っており、今はその資源を活用していないに過ぎないこと」、先ほどのエリクソンの事例のように、「すでに答えを内面に持っていて、未来の解決した状態を語れるし、その語った状態にむけて成し遂げていく」ことを想定しています。「クライエント自身が解

決の専門家である」という点は、セラピストやカウンセラーは解決を支援するための専門家ですけれど、クライエント自身がすでに解決できる力を持っているので、それを引き出すまでが専門家の役割である。クライエント自身が自分の問題を解決する専門家である。

　ここまでが、今回紹介する「未来からの手紙」についての背景にある考え方です。

　未来からの手紙を実習する上で、よくある誤解を先にお話ししておきます。小学校でタイムカプセルか何かで、「10年後の私へ」「今から未来の私へ」という手紙を書いた経験のある人がいらっしゃるかもしれません。それとは大きく異なります。今回ご紹介するものは、「今から未来へ」ではなくて、「未来の私から現在の私へ」ということです。時間軸の方向が逆です。そこを誤解なく実習に取り組んでいただきたいのです。

　1つずつ手順を進めていきます。実習の前に生理測定を始めて頂きたいです。

「未来からの手紙」実習体験1

　実習体験では、手元に本章末尾にある用紙のコピーを用意して、教示を聞きながら取り組んでいただきたいと思います。一人で行う場合でも手続きを読みながら行っていただければ良いです。清書用紙とメモ用紙の2種類があります。

　「皆さん、手紙を最近書いていますか？」とお尋ねしますと、手書きで手紙を書く機会は減ってきたのではないでしょうか、メールを打つことは増えても、書く機会は減ってきていますね。今回は年齢を重ねて、「より賢い自分」から、「今の自分」に向けた手紙を書いていただきます。この書いた手紙は他の人に見せる必要がないので、自分のために書いてください。

　「未来のあなたから、現在のあなたに届いた手紙を書いていただきたい」というのが、お願いしたいことです。

　第1段階ですが、清書用紙の上のあたりに日付を書く欄が

あります。未来の日付を決めていただきます。1週間後、1カ月後、半年後、3年後、5年先、10年先、15年先、20年先、自分の中で意味ある先の未来の日付を設定してください。例えば、今日が10月26日ならば、「来年の10月26日」という決め方もあれば、「いついつの誕生日」とか、いくつか、自分の中で意味がある、意味がありそうな未来の日付を設定して決めてください。「いつごろの自分から届いた手紙なのか」を考えていただきたいと思います。

　次に進みます。第2段階です。少し想像していただきたいです。今から時間が経過して、あなたが成長して、自分の理想の生活をしているところを想像してください。この未来の中では、「今あなたが抱えている問題が解決しており、満足いく対処法が見つかっている」と想像してください。問題や課題解決に役立ったことを、具体的に想像してください。

　メモ用紙に「A)「未来からの手紙」の中でのあなたの生活はどうなっていますか？」が設けてあるので、「こんなことがあった」とか、そういうのを書きながら想像していただきたいです。しばらくA)の所にメモを書いてください。

　「自分が朝起きて、こんなような生活をしていて、とても心地よい、快適な日々を過ごしている」、そんなところを想像してください、「あんなふうに乗り越えたな」「こんなふうに乗り越えたな」ということを思い描いていただきたいのです、具体的に書くということが大事です。「朝起きて、こんなようなところに向かっている」「こんなようなことをしている」、そんなことを具体的に書いてください。

　次の第3段階に移ります。未来から届いた手紙の中の時間は、あなたが喜びに満ちた日々を過ごしていて、健康で納得のい

未来の自分から届いた手紙

　本用紙は提出の必要がありません。自分のために書いてください。

未来の日付：　　　年　　月　　日

メモ欄

A)「未来からの手紙」の中でのあなたの生活はどうなっていますか?
　具体的に書く。

B)（届いた手紙を作成して一呼吸置いた後）届いた手紙を読んで感じ
たこと・考えたこと

C) 小グループで話し合って感じたこと・考えたこと

く、望む生活をしています。どのように時間が経過して、どんなところで生活をして、過去や未来をどう考えていて、どんな人付き合いをしていますか、どのような考え方で日々を過ごしているのでしょうか。未来像を想像するためには、実現性や現実性を気にしないでください、可能な限り細かい描写をしてください。「だれだれと一緒にいる」「だれだれとこんなところで過ごしている」、そんなことを書いていただければいいと思います。

　ちょっと待ちましょうか。ここは結構時間がかかりますので、しばらく私は静かにしています。少し考えていただける時間とさせてください。メモをして、メモをまず書いた上で、清書のほうに移ってもらいたい、まずメモをたくさん書いて、頭の中で想像を膨らませてください。本当の理想の生活をしているというところを思い描いてくださいね。まだメモの段階ですよ。メモを書いた中で具体的に書けてきたら清書のほう、手紙を書いてみてください、未来の私から、過去の私へ、「こんな生活をしています」というのを書いてください。メモが進んだら清書に移ってもらって構いませんよ。「このようなことを乗り越えてきたんだ」、そんなこともわかれば書いてみてくださいね。「このように役立ってきたんだ」「このように乗り越えてきたんだ」、ちょっと書いていてくださいね。

　急がないので、これは時間をとるので、10分は少なくともかかると思います。

　もっとかかるかもしれません、10分から15分はかかるかもしれません。急いで書くことはなくて、未来の生活を想像して湧いてきたら描いていただくことが大事です。

　皆さんに声だけでも、10分から15分くらい書く時間は必要としますので、皆さん、ゆっくり時間をかけて書いていただくのが、ここではとても大事です。メモが終わった方から、清書のほうを書いてください、お手紙そのものは自分のために書くものですから、他の人に見せる人ではないので、安心して書いてください。

「未来からの手紙」を清書し終えたら、次に移ります。
　この後、メモで自分でシェアしたことを書いていく時間を
設けます（手順に従ってメモ欄のBやCを使用して下さい）。
ここではグループで実施する前提になっていますが、一人で
行うときには、手順に沿って進めて下さい。

　　　…………

長谷川　どうでしょう、全体で20分ほど時間をとったので、
　もうそろそろ全体でシェアしたいと思います。　読んで
　みた感想というか、どんな気分になったかというのを伺い
　たいと思います。どうでしたか。
被験者　心が晴れる感じというか、「未来でこうなれている
　んだ」と、自信がわくような気がしました。
長谷川　書いている最中、どうだった？
被験者　書いている最中、すごい集中して書いていたのです
　けれど。書いている最中は、どんどんイメージがわいてき
　て、やる気が出てきました。
長谷川　イメージわいてきた？　ありがとうございました。

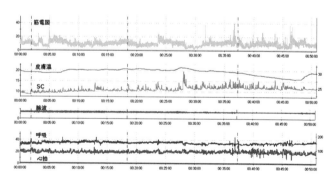

図8-1　未来からの手紙 実習1 生理測定グラフ

★実習1の生理的データ

小林　実施中の生理反応の変化です。課題の性質上、リラックスあるいは緊張等の反応が示されるようなものではないかもしれません。そういった意味で、技法の実施に関連すると思われる明確な反応はみられません。ただ、手紙を書いている最中には、いろいろイメージしたり考えたりしているような反応がSC（皮膚電気活動）にはみられるようです。

長谷川　未来からの手紙をキャリア設計という授業で何年も学生に体験してもらってきました。（長谷川 ,2018）。体験した感想は、「こういうことをやっていけばいいんだと、自分なりに答えが得られた」「すごく未来が楽しみになってきた」「つらいこともあったかもしれないけれど、こう乗り越えてきたということで自信が持てた」、そんなようなことを聞きました、皆さんも恐らくそういったことを感じられたのではないかと思います。

　例えば「答えというのは、自分の中で持っていた何かに気づかれた」という経験をされたのかもしれません。今回紹介した「未来からの手紙」は時々「やってみたいな」という気分のときに、教材を使って手順どおりにやっていただくと、いろいろな自分の可能性をまとめられるような構成になっています。やってみられるときは、手引きを使ってやっていただければいいと思います。

岡本（司会）　Dさん、いかがですか、ご感想でも質問でも、何かおっしゃっていただくと。

D　今回、離れて参加させていただいたのですけれど、先ほどの「未来からの手紙」のところでいうと、私自身の「未来からの手紙」の内容を見て、いろいろな意味で感じたことというのは、大体、自分が書いているので理解はできるんですけれど、「この部分が、日ごろからできていないから、今がしんどいんだろうな」というのを思い返すようなこと、

改めて思い返すことができたかなと思いました。

　あとは、「手紙どおりにできれば、自分自身の未来というのも明るいものになっていくんだろうな」と素直に感じました。

岡本　「未来からの手紙」を書いて、新しく得られた洞察、自己認知とかありましたか。

D　小グループに分かれてお話ししたときにも、「実現性とか現実性を気にしないで」というところに私がちょっと目を向けていなくて、そこに目を向けて、もっと書けていたら、できないことに目を向けがちだったところが、もっとできることというものを楽に考えていけるのかなと思うところはありました、そんな感じでした。

E　今回初めて参加させていただきました。「未来からの手紙」というところで、私も今漠然と不安に思っていたことを、半年後の私からの手紙に書いたのですけれど、自分の中で解決策はもうできていて、「こうしたらうまくいくよ」みたいな手紙を自分で書いているんですけれども、「こうやればいいということがわかっているのに、ああ、自分って不安に思っているんだな」ということを改めて知ることができました。

J　「今悩んでいることとかは、未来から見たら、きっとくだらないというか、ちょっと滑稽に見えるだろうな」と思うと、ちょっと自分の悩みが小さくなるような思いとか、未来の自分から、今の自分のいいところとかを認めてくれるようなことを書いたので、自分を肯定的にとらえられるような気持ちになってホッとしたというか、そういう感じがしました。

長谷川　ああ、なるほど。ありがとうございます。どうぞ、何かありますか？

J　くだらない質問かもしれないのですが、例えば病気の方とかで、余命が見えている方とかにやるとか、またはご家族の中で、そういった方がいる状態で、こういうことをやる

のは、ちょっとためらわれる気がするのですが、そういった点はどうなんでしょうか。

長谷川　私は、そういう方に試したことはないのですが、宗教的な価値観もあるかと思うんです、来世なのか、そういったようなことから書いてもらうという可能性はあるかもしれない、私は自分で試してないからわからないけれど、そういうような想像上の話ですよね、ということは可能になるのではないかと思います。宗教的な価値観とかいろいろあるから、一概に、「こういうやり方がいいよ」とは、ちょっと私も言えないです、どうでしょうか。

J　例えば、「集団で中学校とかでやりましょう」というときに、どんな個別の事情があるかわからない状態でやるのって、そういうことも考えると、「ちょっとどうなのかな、お聞きしたいな」と思ったんです。

長谷川　本人の中で考える時間帯、自分で時間軸を決めるところにポイントがあると思うんです。もし仮に「余命いくつか」がわかっていたら、そのことを想定して時間を決めると信じるしかないんですよね、と思いました。

L　「未来からの手紙」の感想ですが、「随分ポジティブな自分だな」というのがありました、悩みごとが現実的にあって、気分が、そちらに取られることがあるんですけれど、「何とかなるよ」「こんな自分になれているよ」とか、それも今というか、「過去の自分が頑張った延長線上にあるよ」みたいな感じで、「ああ、今の気分と全然違うな」という感じがして、「自分の中に、今の気分ではない気分、そういう見え方みたいなものがあるのかぁ」と、ちょっと楽しかったです。

長谷川　楽しかったというのは、何よりです、今までの見え方とか、前提が変わったところから、もう1回振り返ってみるという、そこが1つの仕組みですよね。

L　はい。

長谷川　はい、ありがとうございました。

L 「そういう視点が自分の中にある」という実感を得られた感じで、ちょっと驚きました。

小林 長谷川先生に質問です、「10 年後からの手紙」なのですが、今回、「ちょっと病気で、この先」という話もあったのですが、それとも関連して、私も学生にやらせたりしているのですが、18 歳の学生が 10 年後を想像するのと、30歳の人が 40 歳、あるいは 60 歳近い人が 10 年後、枠組みは一緒なのですが、それぞれ出てくるもの、考える姿勢みたいなものが、ちょっといろいろ変わるようなところがあるのですが、その辺というのは、何か注意、あるいは、いろいろな形で別の利用の仕方があるとか、何かありますかね。

長谷川 10 年後ではなくて、「自分で時間を決める」というところに意味があります。あとは 80 歳の自分が 10 年後を書く可能性は低い。例えば 5 年後、1 年後を書くのではないか、自分はそうなるかな。　私だと、今年 50 歳になるのですが、多分 60 歳は書かない、5 年後くらいしか書かないかな、20 年後を書くとは思わないです、今、中年期クライシスで先が見えないのもあるから、そういう時期が来るかなと思ったりするんですけれど。

小林 例えば、18 歳くらいの学生さんだと、確かに未来は不安かもしれませんが、「自由に」ということになると、割といろいろな明るいことが書けるような気もするのですが、例えば、私に「10 年後から」と言われると、「何を書こうかな」と、ちょっと抵抗が出てくるようなところがあったりするんですが、そんなことは。

長谷川 抵抗を含めて、自分で決めてもらうことに意味があるから、こちらから、「10 年後で書きましょう」としないほうがいい。

小林 仮にそこでネガティブな内容になってしまっても、それはそれで OK。

長谷川 それはそれで、「あなたから出たものですね」と、ただ、「時期を変えて、次に書いてごらん」と助言すると思い

ます。

X 　この技法のいいところは、「いつから来るのか」と、日にちを決めることです。10年後の自分が書くのではなくて、日にちを決めることですよね、それが私はキーワードだと思います、私の感想です、失礼しました。

長谷川 　自分で日にちを決めることが重要なところです。でも、今の議論は確かにおもしろいですね。是非ともセルフ・ケアとして使っていただきたいです。

長谷川 　「未来からの手紙」の補足をさせていただくと、時間軸が変わって、これは軽いトランスに入るんです。「トランス」に自然に入って自然に戻ってきます。自分でトランスに入って自分で戻ってくるものは安全です。他者が催眠誘導で引き起こしたトランスとなると他者に引っ張られる場合があるので慎重であるべきなんです。私も言い回し、書き方を工夫して、読み上げもしたのですが、「自分で気持ちを切り替えて、自分でまた気持ちが戻ってくる」という仕組みで、自然にトランスに入れるような言い回しなり構成してみました。心理療法にはトランスがつきもので、「日ごろと違った視点・日ごろと違った意識に変わる」というのが必要だと思うんです。セルフ・ケアというのは、本当は日々自然にやっているはずです、ただ、ずっと同じような考え方にとらわれ出すと悩むので、「いつもと違った気分・気持ちになる」、そのきっかけになるようなものが必要なんです。「からだを動かす」ということも、1つでしょうし、「手紙を書く」というのも、そういうきっかけになるのではないか、そういうふうにしてセルフ・ケアというものを取り上げてきているというのが種明かしといえば種明かしです。「そういうものが周りにあふれている」という視点で見ていただくと、自分なりのセルフ・ケアが見つかるのではないかと思いました。

「未来からの手紙」実習体験２

　途中会話は実習体験1と同趣旨であるので、省略します。

★実習２の生理的データ

小林　実施中の生理反応を表したグラフです。「未来からの
手紙」を書いている最中にイメージがどんどん湧いてきて
集中していた、また未来に対して自信が湧き、心が晴れる
感じがしたとおっしゃっていました。そういった肯定的な
気分の高揚がSC（皮膚電気活動）の反応に、また全体的に
皮膚温の上昇や心拍の低下など落ち着いたリラックス状
態が後半に向けて見られています。

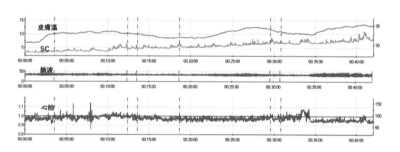

図8-2　未来からの手紙 実習２ 生理測定グラフ

9章

マルバツ
〇 ×**法**

岡本浩一
（東洋英和女学院大学教授）

★フローチャート

1° A4の紙などを用意し、緩和したいストレス・イベントについて少し考える。

2° そのイベントのなかで、嫌な思い出の中心となっている事柄が、（a）視覚的記憶か、（b）聴覚的記憶か、（c）体感的記憶か、どれかひとつに特定する。

3° その記憶を思い浮かべ、その不快感の強さ（最悪が10、不快感ゼロが0）を書き留める。

4° その記憶を思い浮かべて維持しながらながら、マル（〇）を20個書く。

5° その記憶を同様に維持しながら、4°とは逆の筆順で〇を30個書く。

6° その記憶を同様に維持しながら、4°とは逆の筆順で〇を40個書く。

7° その記憶を同様に維持しながら、4°とは逆の筆順で〇を50個書く。

8° その記憶を同様に維持しながら、ふだん「×」を書く筆順とは逆順で「×」を30個書く。

9° その記憶を同様に維持しながら、ふだん「×」を書く筆順とは逆順で「×」を40個書く。

10° その記憶を同様に維持しながら、ふだん「×」を書く筆順とは逆順で「×」を50個書く。

11° その記憶を維持しながら、最初書いたのと同じふだんの筆順で「〇」を20個書く。

12° 記憶を思い浮かべ、その記憶の不快感の強さ（最悪が10、不快感ゼロが0）を再評価する。

〇×法の講義

　今日は、簡単な方法なのにストレス軽減にずいぶん効果のある「〇×法」というのをお話しいたします。

　この方法は、文献を探しても大体見つからないのですが、熊本県の荒尾市で有明メンタルクリニック院長をなさっていて、私どもの学会では大変著名な中島央先生の発案になる方法です。中島先生は、催眠の技術もちょっと私どもとはひと桁違う上手さで、お人柄もすばらしい方です。

　白い紙を準備してください。A4の紙でもいいですが、広告紙の裏とか適当な紙で構いません、A4、1枚から1枚半くらいあれば面積的には足りると思います。

　中島央先生が、一度だけ学会で発表なさったことがあり、その後、この手法を私は何度か実験もしてみて、その結果を学会に発表もしています。割合簡単な方法で、大変効果があるので、広くお勧めしているわけです。

　きょうは「セルフケア」という文脈で、これをお勧めいたしますけれど、もともと、臨床面接での使用などもっと違う文脈でも、いろいろな方にお勧めしています。PTSDの急性期への対処に効果的なことと、仕事で生じる目立たないPTSDへの対処に有効です。

例えば、消防などの仕事をしていると、ハッと怖い思いをすることもありますし、住宅火災などの場合には、ご遺体を含めて検分書を書かないといけないう仕事もあります。そういう仕事は、相当心理的にきつく、「だんだん足がすくんで現場に行けなくなってしまう」という人がある程度出てくるのです。

　レンジャーというのは消防の中ではいわばエリートの職種で、大変技能も高いものが要求されるわけですが、訓練のとき、ちょっとしたことで落ちてしまったというような経験が起こります。命綱がついていたから無事で済みケガはなかったのですが、「ものすごく怖い思いをした」ということがあって、「せっかく何年もレンジャーの訓練を受けて、仕事をしているのに、気持ちがすくんで現場に立ち向かえなくなる」という方が、ある一定の頻度で出てくるわけです。

　あるいは地方に行きますと、鳥インフルが流行って、鳥を殺処分しないといけない。そうなると時間との競争になりますので、大勢の人を駆り出して殺処分をするということになります。

　殺処分は、それ専用のキットができていて、それほど心理的な負荷が高くなくできるようになっていますが、それでも、PTSDが起こることがあるわけです。

　そういうものをひとまとめにして、私は「急性PTSD」と考えています。

　大事なことは、急性のストレスには、なるべく早く何らかの対応をすることです。そのような観点から、私は心理学の専門のトレーニングを受けていらっしゃらない人事関係の仕事の方にも、PTSDへの対応方法というものをレクチャーして、実技指導をしています。

　それと並んで、このワークショップのテーマである「自分でケアできる」ということがあると大変有用だと思うわけです。きょう、これからご案内するのは、以前にブリーフセラピーのひとつとして1度ご案内したことのある手法（本シリーズ前

書「パワハラ・トラウマに対する短期心理療法」(2019))です
けれど、自分で使うこともできます。

　今挙げたような特殊な仕事でなくても、例えば、仕事で心
理的な負荷が生じるということがあります。どんな方でもそ
ういうご経験があるだろうと思うのですが、例えば、職場の
会議で激しいやりとりが生じることがたまにございます。そ
うすると、心が騒いでしまって、家に帰ってきても、会議のと
きの風景を思い出して怒りが収まらない。そのために、きょ
うの夜のうちに書き上げないといけない原稿があるとしても
手につかないということもあるわけです。

　また、そういう気持ちを長く持っていると、許せない同僚
がだんだん増えていく、許せない同僚が1人いると、許せない
同僚と仲よくしている同僚も許せなくなりますから、心の中
でどんどん敵がいっぱいできていき、自分の心のケアにとっ
ても不健康な状態が起こるわけです。

　私が今日これからご案内する方法は、そういうときに使う
ものです。自分で家に帰ってきて、「眠れないほど怒っている」
ということはありませんか？　そういうときに自分の心を治
めるということをする、大きな工夫として、これをご案内し
たいと思っています。

★○×法の実習

岡本　冒頭に申しましたけれど、皆さん方、何か1つ、最近
のある程度嫌だったことを思い出していただきたいので
す、今ここで例に挙げた職場に関係するようなことでもい
いですし、例えば、道を歩いていて、何かを踏んで何を踏ん
だ？」と思ったら、猫の死体でびっくりしたというような
突発的なこと、あるいは「電車の中で、肘が当たった・当た
らないということで、ちょっと嫌な思いをした、ちょっと
怒った」「車を運転していて、だれかに幅寄せされて、嫌な
思いをした」、何かちょっと思い浮かべていただきたいわ

けです。

　思い浮かべていただいて、次に、その中の中核的な記憶を1つか2つ、きちんと特定するのがいいと思います。そういう記憶は通常はビジュアルな記憶、視覚的な記憶、静止画像のような、あるいは何かの音声（人の声も含む。だれかに怒鳴られた声、自分の足が折れたときの音）、あるいは動き、車がダンと止まった動きとなど何かの動きか、その3種類の、どれか1つの該当するはずです。「全部に該当する」という場合もあるかもしれないですが、「ケアとしては全部あるな」という場合でも、その中で1番強いものは、視覚か、聴覚か、動きなのか、まず特定していただくことがいいと思います。

　特定していただいたら、紙の端っこに、1番つらい場合が10、軽い場合が0とか1で、自分だけがわかるメモとして、ちょっとつらさの数字を書いてくださいますか。この手法は、クライアントに対してこの手法を用いるときでも、嫌だった記憶の内容に立ち入らずに済むメリットのある方法です。カウンセリングなどでは、どうしてもある程度話さなければいけないので、話しているうちに、また向かっ腹が立ってくるようなこともあるわけですが、これは他者に対して用いるときも、自分自身に対して用いるときも、「何が嫌な記憶だったかということを言わずに済む」ということで、数字だけ書いていただきたいわけです。

　特定した数字を書いていただいたら、そのイメージ、視覚か、聴覚か、動きか、そのイメージを毎回思い出しながら、目の前の紙に〇を20個、ずっと横に、2段くらいになるかもしれませんが、書いてみてください、〇を書いてください。

　私は隣の被験者さんが終わったペースでご案内してい

くようにいたしますので、皆さん、できれば若干早めにな
さっていただくとありがたいと思っております。
　20個ですね。○を書くたびに20回、それを思い出すので
す、ちょっとつらいですけれど。【⇒フローチャート4°】
　書き終わったら教えてください。

被験者　はい。終わりました。

岡本　書き終わりましたか、皆さん、大体書き終わられたで
しょうか。
　では、今度は同じように、そのイメージを想起しながら、
今の順序とは逆の順序で○を30個書いていただきたいの
です、逆で30個お願いします。【⇒フローチャート5°】

被験者　はい。

岡本　書かれましたか。
　では、同様に逆の順序で思い浮かべながら、○を逆順で
40個書いてください。【⇒フローチャート6°】

被験者　これと同じ方向ですか。

岡本　そうですね、はい、全部逆順に。

被験者　書きました。

岡本　書きましたか、では、今度はまた逆順で思い浮かべなが
ら、逆順で○を50個書いてください。【⇒フローチャート
7°】

被験者　書きました。

岡本　では、今度はイメージを想起しながら、普段×を書くと
思うんですけれど、それと逆の筆順で×を30個書いてい
ただきたいのですが、×の逆順というのは右左を逆にする
だけじゃなくて、筆の走っている道を全部逆にするのです。
それで30個書いてください。【⇒フローチャート8°】

被験者　終わりました。

岡本　終わりましたか、では、今後は、やはり逆順で×を40
個、40回思い浮かべながら書いてください。【⇒フロー
チャート9°】

被験者　いつもどおりの筆順
　　で書いていいんですか。
岡本　いや逆順で。
被験者　また逆順ですか。
岡本　逆順で。
被験者　終わりました。

岡本　終わりましたか、じゃあ、今度はまた×の逆順を50個、
　　50回思い浮かべながら書いてください。紙が足りなくなっ
　　たら、裏にいくとか、してください。【⇒フローチャート
　　10°】
被験者　終わりました。

岡本　それでは今度は、1番最初の通常の順序の○を20個
　　書きながら、もう1回思い浮かべてください、通常の順序
　　で○、20個。【⇒フローチャート11°】
　　　そうしたら、1番最初に考えていただいた中核的な事象
　　をもう一遍想起して、不快さ、0から10、10が1番不快
　　で、いくつくらいになったかというのをメモしてください。
　　【⇒フローチャート12°】
　　　いくつが、いくつになりましたか？　8が5になりまし
　　たか、よかったです、ありがとうございます。
　　　被験者の方に伺ってみましょう。どんな感じがしました
　　か。あるいはいつ、「あっ、軽くなり始めたかもな」という
　　感じがしましたか。
被験者　多分、○を50個くらいのときから、だんだん落ちつ
　　いてきたような感じがします。
岡本　最後に最初の順序で○を20個書くときに、頭の中で
　　ウィーンと変な音がする、そんなことはなかったですか？
　　　そんなことはなかった、多くの方が、「最後の○を20個
　　書いているときに、『あれっ』という感じがする」とおっ
　　しゃる場合が多いのですけれど、皆様方、いかがでしたで
　　しょうか。

これは、今ちょっと試していただけたように、簡便な割には、割合効果があるんです。少なくとも、自分が何かにいら立っている、だれかに腹が立っている、何か気持ち悪いとか、ゴキブリをつかんじゃったとか……、こういう話をしていると、「岡本先生はよく、そんなにいろいろな例を思いつきますね」と言われるのですが、いろいろな経験をしているものですから、そういうとき、ちょっと使ってご覧になると、とりあえず適応レベルが上がるということがあります、周囲にも教えていただいたら、よろしいかと思うんです。

　それでは、生理的測定についてのコメントを小林さんからお願いします。

★生理的測定についてのコメント:

小林　丁度被験者の方が「○を50個書く時からだんだん落ち着いてきた」とおっしゃっていましたが、開始10分あたり（○を50個書く）から、皮膚温が安定して上昇し、落ち着いた気分の状態を示しています。指示に対する反応も含めてSC（皮膚電気活動）も反応が低下しています。実際に落ち

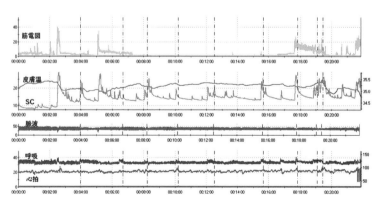

図9-1　○×法の生理測定グラフ

着いてきたのでしょう。併せて筋肉の緊張も下がっています。また、特に最初の方では、各試行内でも書き進めるにつれ、皮膚温が上昇し、SCが低下するといったリラックス方向への変化がみられています。

★Zoom参加者との質疑

A 「○×法」というのは、どうして効果があるんでしょうか。

岡本 いい質問をありがとうございます。これはなかなかわからないのです。ただ、「両側運動というのが、ある程度ストレスマネジメントに効果がある」という見解が出ていて、例えば、EMDRなどでも眼球の動きを右や左と両側に誘導したりしますね。あとタッピングの場合でも両側を使います、何かそういう両側運動が効果があるのではないかと思われます。両側運動を使っている手法をいくつか例示することができるのですが、「両側運動が、どうして、そんなに効果があるのか」ということは、まだ十分検証されていないように思います。

A EMDRなどと同じ両側運動ということなのですね。

岡本 そういう解釈もあるわけです。

A わかりました、ありがとうございました。

岡本 はい、ありがとうございます。ほかの方、いかがでしょうか。

B 「○×法」を楽しくやらせていただきました。私の印象では、「問題を感じている」という感情が、ある程度単純作業でありながら、ちょっと頭を使う作業を繰り返すことで、現実というか、起こっていることと現象の間を切り離してくれているような気持ちになりまして、×に入ったころから、すごくそれを感じて、私は6から0になった感じだったのですね。現象と距離を置かせてくれる作業なのかなという印象が、ちょっとありました。

岡本 貴重なご感想ありがとうございました。Eさん、いか

9章 ○×法

がでしょう、何かほかのテーマでも、ご感想なり、質問なり
いただければ。

E 〇×に関しては、先生がおっしゃったように、最後の〇を
書くときに、何かスーッとするというか、消えるまではい
かないんですけれども、すんなり楽になる感じを自分自身
で感じることができました。

岡本 ちょっと追加的なコメントをさせていただくと、もっ
と本格的な PTSD 治療の場合でも、その記憶が通常消える
ということはないし、消えるということが望ましいことで
もないのです。そこには「こういう事態は避けなくちゃい
けない」とか、何らかの自分の将来の安全に対する防衛機
制があり、そういうものは少しは残っているほうがいいわ
けです。ですから、感じ方が変わるけれど、消えるというこ
とは通常あまりない。本当に消そうと思ったら、催眠など
で消すことはできるかもしれませんが、それが望ましいこ
とでもないような気がしているのです。

　私は来談者の方に随分トラウマ治療をするし、自分も
受けたこともあります。私はアメリカのボストンの先で
水上スキーをしていて、サメに追いかけられたことがあ
り、だいぶ頑張って逃げたのですが、最後、やはり腕の力
が持ちこたえられず、スキーが失敗するというより、もう
ロープを持てなくなり、離れてしまって、船がずっと向こ
うへ行って、戻ってくるまで時間がかかったわけです。そ
の戻ってくるまでの時間の間、ものすごく怖かったのです。
水音をさせないようにじっとしていると、丸太が回るみ
たいに身体が回って、顔が沈みそうになるわけです。息を
しようと思ったら、水をすこし掻いて顔を上げていればい
いのですが、その「チャパッ」という水音で、サメが来るの
ではないかと思って、怖くて息を止めて、本当に呼吸の限
度を超えるくらいまでジーッとしていて、やっと助けても
らったことがあるのです。

　それがものすごく尾を引いて、それからはプールでも

「泳ぎたくない」とか、山中湖に行って、みんなから「ボートで遊びに行こう」と言われても、「絶対嫌だ」とか、ボートのそばに行っただけで、足が本当に震えるということが、ずっと続きました。

　私どもの既刊の研究叢書（『新時代のやさしいトラウマ治療』）で詳しく紹介したNLPのビジュアル・スィッシングというPTSD治療の技法があります。その治療を上手な人から受けたので、「もうすっかりなくなってくれるかな」と思っていたら、案外残っていました。つまり10くらいのものが1.5になる感じで残っていて、「消せないものなのかな」と思って、そのままずっと暮らしていて、その治療から10何年かたちました。

　多分、トラウマを完全に消すことは何らかの意味で不具合なのだと思います。人間は、過去にあったつらい経験も自分の価値観のどこか一部を形成しているわけで、それを消してしまうということは、何か自分の価値観の構造の中のもしかしたら大事かもしれない要素を動かしてしまうということになり得るのだと思います。

　トラウマの最中の人には、なかなか言いにくいことなんですが、トラウマもある種、ありがたい出会いなんです。完璧に被害一方に見えるようなトラウマでも、何かの恵みなんです。ご参考になるかどうかわかりませんけれど、ずっとトラウマ治療をしながら、このごろ、そういうことを感じるようになりました。

　例えば、こういう簡単な方法で、例えば8くらいのものが5とか6になれば、当面それは大成功で、つまり8が8のままだと、人に話せないわけですが、8が5とか4くらいになってくると、だれか人に話すことができる、話すようになってくると、話しているうちに、自分の中に別の見方が生じますから、多視点的な価値というものが出てきて、たとえ他者から治療を受けなくても、その問題自体も自分自身の中でとらえやすくなりますので、とりあえずは人に向

かって話せる状態にまで回復するというくらいでも、「○×法」というのは意味があるかなと思っているんです。

　Fさん、いかがでしょう、何かご感想か質問か、寄せていただけないでしょうか。

F　いま、ほかの方もおっしゃっていたように、コロナ禍などで、みんな不安に感じたり、生きにくさみたいなことを感じているところがあります。セルフケアという形で、きょう取り上げていただいたのを自分でやってみると、気持ちがすごく楽になるんです、やる前より、物事を考えられるところがありまして、そういう意味でとても参考になりましたし、実際に有益でもあったので、とてもありがたい、お礼を申し上げたいと思います。

岡本　感謝いたします、どうもありがとうございます。Gさん、いかがでしょう。

G　感想なのですが、皆様のいろいろなことと、かなり重なるところがありまして、「○×法」で、単純な作業、○と×を書く、そして普段書いている書き順で書くだけで、私は「ちょっとストレスだ」と感じながら書いていたので、自分がストレス、不快に思っている部分が、それで分散されたというふうに感じています、そして、自分が思っていたことが軽くなった。先ほど先生もおっしゃったとおり、8、9、10のものが、4、5、6とか、少し下がることによって、人に話をすることができたり、違う考え方、違う見方ができるようになって、問題解決までいかなくても、そのきっかけにすることができるのかなと感じました。

岡本　はい、ありがとうございます。Hさん、いかがでしょうか、何かおっしゃってください、でも、ほかのことでも「未来からの手紙」でも。

H　「○×法」で、ストレスに感じているものが、本当に少し軽くなるのを、自分で非常に感じることができたので、経験できてよかったなと思いました。

岡本　どうもありがとうございました。残り時間もわずかに

なってきましたけれど、「どうしてもこれは言っておこう」「聞いておこう」ということ、どなたかおありでしたら、Jさん、まだお話しなさっていないかな、何かコメントなりお願いできれば。

　「○×法」に関しても、「ああ、×って、私、この書き順だったんだ」みたいな、そういう変なほうに気がいって、嫌なことを一瞬忘れられるみたいな、残ってはいるんですけれど、「自分はマルチタスクじゃなくて、シングルタスクなんだな」という感覚があって、こっちに集中すると、違う、その間は、ちょっとどこかにいってしまうというような、そういう感覚があって、すごく勉強になりました。ありがとうございました。

岡本　どうもありがとうございました。よろしければ、これでお開きにしたいと思います。

第IV部

臨床動作法

.

10章

臨床動作法によるセルフケア 1
——着座姿勢での肩上げ

長谷川明弘
（東洋英和女学院大学教授）

★臨床動作法によるセルフケア①:着座姿勢での肩上げ課題

★フローチャート（着座での肩上げ）

1° （椅子や胡座姿勢で床に）上体を起こして座る。

2° 今の気持ちはどのようであるか評価する。10点満点で、「最高を10点とし、最低を1点としたら現在の気持ちは、何点となるか？」と気持ちを評定する。

　　気持ちの自己評定/スケーリング・クエスチョン・効果測定の際のベースラインの測定

3° 今の気持ちを評価した後、ボディスキャンを行う。頭頂部から、足下までゆっくりと時間を掛けて身体の緊張がどのようなのか、身体を少し動かしながら確認する。足下まで至ったら、今度は頭頂部に向けて緊張部位を確認する。

4-1° 椅子に座っている場合：背もたれから背中を離して背筋を伸ばして座る。また両足を床にしっかりと着けて、

両膝と両踵が肩幅くらいの間隔となるように足を置いて座る。お尻が均等に座っているように前後左右に上体を動かして均等なところを探す。

4-2° 胡座姿勢の場合：背筋を伸ばして座る。両膝をできる限り床に近づける。お尻が均等に座っているように前後左右に状態を動かして均等なところを探す。

　　　※椅子が無い場合のために胡座姿勢を掲載しておく。

5° 肩でどちらか上げる方の肩を決める。

6° その肩をゆっくりと真上に上げる。耳の方向に上げるのではない。

7° 肩を上げてみると途中で上げにくい感じが出るか確認すること。上げにくさが出てきたならば、上げるのを止めて一旦待つ。肩の高さをその高さのままで維持する。

　　　全身ではなく、一部の緊張と弛緩を行って自体をコントロールする。

8° 肩をその高さのままでいる中で、肩の周りに注意を向ける。力が入っていれば、肩の高さを維持しながら、入っている力を抜く。肩の高さを維持しながら待っていると力が抜けることがある。肩から首に掛けて力が入っていないか、そこにも注目する。肩の高さをそのままにして待ってみて、注目した部位の力を抜こうとするとその部位の力が抜けて、肩が楽な感じが出ることがある。

　　　自体に注意を向けて弛緩してもらう。

9° 肩の周りや首の周りにかけて、力が抜けた感じが出たら、再び真上に肩を上げる。もしかして力が抜けか分からなかった場合でも、再び肩を真上に上げてみる。

10° 6°から9°を数回繰り返す。

11° 肩がこれ以上、上がらないという感じが出てきたら、上げるのを止める。少し待ってもう一度上げようとしてみる。肩を上げられれば、上げる。肩が上がらなければ、ゆっくりと肩をおろし始める。

自体をコントロールしながら、自体の変化に注目してもらう。

12° 6°から11°を1セットとして2、3回繰り返す。

13° 反対側の肩についても7°から13°までの手順を同様に行う。

14° クライエントに随時状況を確認する。「肩を上げるときにどんな気分となったか」「肩を上げたときにどんな感じがしたか」「肩をおろす途中はどんな感じがしたか」「肩をおろした後の気分はどうであったか？」

取り組んだ上での体験を把握するために自己に尋ねる。

15° 随時効果測定の質問をして、実施が妥当なのか、あるいは効果が発現して打ち切るのかの判断をする。

効果測定と打ち切りの判断

★フローチャートのポイント

(1)自分の「からだ」を動かしているという感じを味わいながら肩を挙げる。

(2)沢山上げることが目的ではなく、結果的に上がっていくという心つもりで取り組む。

(3)上げている肩とは反対側の方向に上体が傾いていくことがあるので、途中で「肩を上げている側のお尻に乗るように姿勢を戻す」と姿勢保持の修正をする。同様に首が傾いたり、肘や手首などに余計な動きや力が入ったりしていないか気配りをして、姿勢を適切に保つように心掛ける。

(4)実施の区切りがいいところで「今の気持ち」についてスケーリング・クエスチョンを行って、変化を把握して効果測定を随時行う。一定の効果が出たところで、反対側の肩に課題を移す。なお最初の肩に5分以上（目安）取り組んでもスケーリングの値が落ちないとか想起の仕方に変化が生じないといった効果が出ない場合は、後で疲労感を感じる可能性があり、かつ他のアプローチが適切な

場合があるので、動作法での実施を打ち切る。

(5)肩以外の身体部位の痛みや不調を感じた場合は、肩以外の訴えのあった部位をゆっくり動かして弛めてみる。訴えが出た痛みが軽減したら、再び肩部位に戻って取り組む。

臨床動作法概説

★臨床動作法の由来

　まず、臨床動作法の概説をいたします。既に書籍として纏めた内容と重なる点がございます（長谷川,2017;岡本・長谷川,2019を参照）。本章では、臨床動作法の概略をし、実演では、「着座姿勢での肩上げ」、を紹介します。

表 10-1　臨床動作法の歴史

- 1960 年代　九州大学の成瀬悟策が催眠から開発
  - 1964 年に催眠適用の成果報告を受けてからグループで研究に着手
  - 1967 年から脳性マヒ者・脳卒中後遺症への心理学的なリハビリテイションとして展開して心理リハビリテイションと呼称した。具体的な訓練方法を動作訓練と呼ぶ
    - 脳の病変は治らない
    - 訓練で動きが良くなる
  - その人自身の主体活動が変化する
- 1960 年代〜1990 年代　他の対象にも試みると主体活動が変化
  - 総合失調症、認知症を持った人
  - 自閉性障害、多動性障害を持った人
  - スポーツ選手、高齢者……
- 1990 年代〜現在　臨床動作法という呼称が定着
  - 臨床動作法は、動作訓練（動作法）の様々な対象への適用の総称
  - 心理療法としての適用の場合は「動作療法」と呼ばれる

表10-1をご覧ください。1964年、脳性麻痺の人に催眠を適応して動かないはずの身体が動いたという報告が埼玉県にある身体障害を持った方が利用する施設に勤めておられた小林茂先生と当時早稲田大学に所属されていた木村駿先生から九州大学の成瀬悟策先生にもたらされました（小林,1966）。少し余談となりますが、東洋英和女学院大学院の図書館に『臨床心理学研究』という雑誌が所蔵されていました。先日、その中に小林先生と木村先生の共著論文を見つけました（木村・小林,1968）。先行研究として専門書の中に収録された関連する文献を入手していたのですが、本学大学院にヴィクトール・フランクルの『夜と霧』を翻訳なさるなど臨床心理学分野でご高名な霜山徳爾先生が寄贈された学会誌や書籍がございました。その寄贈図書の中の『臨床心理学研究』にこの論文が入っていたことをたまたま見つけました。論文の中では、脳性マヒを持った成人21名に催眠を適応して、どんな効果が出たかと5段階で評定した結果、21名中12名（57%）に効果を認めたと報告されていました。以前から催眠研究を通して交流があったお二人からの報告を聞いた成瀬悟策先生が催眠を脳性麻痺に適用することについて検証しようとなさり、当時、大学院生として成瀬先生の指導を受けておられた大野博之先生が筋電図計を使って「催眠中と催眠ではない状態で、筋電図計のグラフの形が変わる」ということを検証し、脳性マヒは心理学的な現象である催眠状態や覚醒状態、時に睡眠状態といった覚醒レベルといった心理的な側面から身体の緊張の度合いが変わることから心理学的な研究テーマであると成瀬先生が気づかれて、そこから「催眠を使わずして同じ成果が得られないだろうか」という着想で、研究が始まりました。今から60年近く前の話になります。

　臨床動作法が開発された当時の記録を見ると、例えば、脳性マヒを持った子どもにコップを持たせて水を飲む動作の実験をしています。水がないコップの場合にすんなりとコップを持ち上げて水を飲む仕草ができるのですが、コップに水が

入ると、水がこぼれないように緊張してガタガタとなってコップを持ち上げて飲む仕草ができなくなる。つまり水があることで心理的な緊張感が増して動作ができなくなる。そんな検証をいくつかして、「緊張という心理的要因が大きい」ことを地道に検証していったようです。そういった「心理的な緊張が身体の動きに影響がある」ことに注目して、「催眠手続きなしで催眠と同じ成果が出る」工夫がおおよそ60年前に始まり、その具体的な手続きを「臨床動作法」と呼びました。手続きの呼称ですが開発者の名前から「成瀬法と呼んでもいいのではないか」と言われたそうですが、成瀬先生が成瀬法では普及しないと考え、広く一般化しやすい名前で、「臨床動作法」と呼ぶようになったそうです。心理学的なリハビリテイションでもあることから「心理リハビリテイション」とも呼ばれ手続きを「動作法」やその取り組みを「動作訓練」とも呼ぶなどして研究グループによる活動を始められました。心理リハビリテイションを研究対象とする日本リハビリテイション心理学会が、1970年代に立ち上がっています。主に動作訓練や心理リハビリテイションと呼ばれていた当時の適応対象者は脳性マヒの子どもが中心だったのですが、実践活動が展開して適用範囲が広がっていきました。自閉性障害、統合失調症と対象が増えていきました。私が動作法を学び始めたころは1990年代半ばでしたが、肢体不自由や発達障害をもった子どもを対象とした訓練が月1回行われる月例会に大学院生の頃から出始めて、その中で最近は精神障害を持った人や高齢者、肩コリや腰痛、スポーツ選手にも適応されていると聞きました。大学院を終えて新潟県内にある認知症を専門とする精神病院に勤め始めて認知症を持った高齢者とその介護をする家族に臨床動作法を使うようになりました。私が学び始めた1990年半ばに「臨床動作法」という適用対象を統合した表現になっていき、日本リハビリテイション心理学会とは別に主に臨床動作法を心理療法として使っていこうという機運が高まって日本臨床動作学会がつくられました。また動作法を心理療法

として使う場合は動作療法と呼ばれたりもします。

　成瀬先生は2019年8月に95歳で逝去されたのですが、亡くなられる直前まで動作法の科学的な検証や理論構築、研修会の講師を務められたりして精力的に活動されていました。私が成瀬先生と最後にお目にかかったのは2019年6月末に岡山で開催された資格者研修会でした。催眠と動作法の関連を研修会の講義の冒頭でお話しされていたことが強く記憶に残っています。

★臨床動作法の概観

　臨床動作法の概観をつづけます。

　動作をどのように捉えるのか、ここからは動作の定義をめぐる話題に切り替えます。動作図式をご覧になると動作過程・動作プロセスの第一段階は「意図」と呼んでいました、「こういうふうに身体を動かしていこう」というイメージを持つことを指します。後に意図だけでなく「予期イメージ」とも呼ぶようになっています（成瀬2007,）。「予期イメージ」は「どのよ

表10-2　課題としての動作を要請する

課題 ― 意図 ― 努力 ― 身体運動

動作法図式

（成瀬，2000）

意図 ― 努力 ― 身体運動

動作図式

（成瀬，1995）

うにからだを動かそうとするか」「こんなふうに動かそう」という頭のなかのイメージのことです。例えば、「水の入ったコップを手にとる」というときに、心の中で、「この手を動かそう」と考える意図が生じることです。続く第2段階は、「からだ」に力を入れる「努力」です。「努力」は、「意図」「予期イメージ」を経て、筋肉に力を入れていく過程を指します。そして最後の第3段階は、からだが動く「身体運動」となります。「身体運動」は、主体が筋肉に力を入れた結果生じる身体の動きです。コップを手に取ろうとしたならば、実際に手を前に差し出して手でコップを握って、口元にコップを持っていくという具合に「からだ」を動かす一連の身体運動の流れを認めます。「からだが動く」という、これらの一連の3つの過程を「動作」と呼んでいます（成瀬,1995）。「からだ」が身体として動くことではなくて、「からだ」を動かそうとする心理的プロセス、「動かそうとする」という、こころの動きが必要だということ、あくまで心理学的な現象として、動作を定義しています。脳性マヒの人を例に、成瀬先生が説いていらっしゃったのは、「体の筋骨格は揃っているのだ、しかし、力の入れ方、キーボードの押し方が間違えていたので、思わぬ動きをするのだ、意図しない動きをしてしまうのだ。したがって、努力の仕方を変える。それが心理リハビリテイションとして必要になってくるのだ」ということです。これは心理療法にも有効に使えるということで、自閉性障害の人への腕挙げ訓練から始まっていくのです。腕あげ動作課題の適用により、自閉性障害や多動性障害を持った児童の行動統制能力が向上しました（今野,1978）。つまり動作法の適用により、動作改善を目指すのではなく、心理的変化をもたらしました。他の動作課題を統合失調症に適用した場合、慢性緊張の自己弛緩とともに、活動性・自発性が増大したそうです。

　臨床動作法の定義は、動作という心理活動を主たる道具として、心理支援、ないし、広く心理リハビリテイション一般の対人支援に用いる場合に動作法と呼び、動作法を広範な対象

に適用する場合を総称して臨床動作法と呼んで、特に心理療法として用いる場合を動作療法と呼びます（成瀬,1995;長谷川,2019）。

　体験という用語は臨床動作法の中でよく出てきます。「体験」とは、ある出来事の内容、つまり言葉で説明できる「何か」や「意味」に加えて、その出来事の感じ方や受け止め方である「どのように」「どんなふうに」という「実感」が合わさったことを指しています。後で行う実習では、体験の中の区別をしていただきたい。今日の実習の注目点ですが、「肩を上げてください」「腕を上げてください」というときに、身体を動かそうとする時に、最初は「からだ」を動かそう、動かそうとする主動感という体験が優位になっているのですが、途中から、動かしている感じという動作感を感じることに切り替わっていくことに注目して欲しいのです。「どんな動き方をしているか」「どんな感じで動かしているか」この両方を区別していただきたいのです。「動かそう」「上げよう」という感じよりも、「どんなふうに動かしているのかな」に注目をしてください。

臨床動作法の実際

　では、さっそく実際に取り組んでみていただきましょう。章の冒頭のフローチャートをご覧ください。

　最初は読みながら動作課題に取り組み、何度か取り組む内に手順が身についてくると思います。手順が身についたら自己の身体に注目しながら取り組んで下さい。なお慣れてくると自己流になってしまう可能性がありますので、時々手順を確認のために再読なさることを勧めます。

★着座姿勢での肩上げ課題の実演1

はじめますね。上体を起こして座って下さい【⇒フローチャート1°】。

片方の肩を上げると、上体を上げている肩とは反対の方向に傾けてしまう人がいるので、上体が左右のどちらかに傾いていたらまっすぐへと戻すように意識してください。こちらで上体の姿勢について声かけもしますが、自分でもチェックをしていただきたいところです。

今回は、肩、肩周りに力を入れては抜いていくことを目的としています。肘とか手首に力が入っていたら極力、力を抜くようにしてください。入っている力がゼロにはならないと思います。肩を上げるためにいろいろな部位に力を入れながら上げていくのは、身体の自然な動きになるでしょうけれども、肩を上げるということが主たる目的で、極力最小限の力で上げていき、肘や手首の力は抜いておくという課題となります。

基本姿勢、座り方があります。椅子に座っていらっしゃると思いますが、背もたれにはもたれないで、浅く椅子に座ってください。地面に足がついた状態で、肘掛けがあるなら、外してダランとする、浅く座れば、肘掛けがない位置に座れるかもしれません、それが基本姿勢です。前後左右に体を揺らして、真ん中を探してください、自分の真ん中の位置、「ここだな」と、ここは自分の感覚を大切にしてください。

今、どのような気分なのか、評定してください【⇒フローチャート2°】。10点満点で最高が10、最低を1点として、「今の気持ちは何点くらいですか」、覚えておいてください。その数値がどのくらい変わったかを後でお尋ねします。自分の中で「何点くらいかな」と、スケーリング、評定できたら、次のスキャニングです【⇒フローチャート3°】。頭の上から、ずっと耳元、首まで注意を向けていって足先まで向かう。足先から、また

頭に注意を戻してきます。「ああ、ここがちょっと硬いな、緊張しているかな」とどこか緊張していないか、首を動かしたり、胸を動かしたりして、緊張している部位がないか、チェックしてみてください、これは自分のペースで構いません。肩を取り上げますけれど、それ以外のところに緊張があれば、弛めればいいと思います。自分の中で緊張している身体部位をチェックしてみてください。頭から足先、足先から頭まで戻ってきたら、スタートが切れる状態になったと思います。

　椅子に座っていらっしゃる前提でフローチャートの4-1°で教示しますが、もし胡坐の方がいらしたら、4-2°を見てください。

　まず、背もたれから離れて座る。先ほどお伝えしたとおりです。両足を床にしっかりとつけて座っていただく、お尻が均等に座っているように前後左右バランスを取って、真ん中を探す。準備はいいですか。

　右肩か左肩か、どちらを上げるか決めてください【⇒フローチャート5°】。会場の被験者の方は、実験の都合上右肩を上げて頂きますが、皆さんは、どちらでも結構ですから、右肩か左肩のどちらのほうを上げるか、自分で決めてください。決まりましたか？

　私の声かけは、あくまで参考程度で、皆さん自分のペースでやっていただいて構いません。私のほうでは参考までに声かけをいたします。

★1回目の肩上げ

　まず、肩を少し上げて見てください、上げてみると、肩周りに力がググッと入ってきた感覚が出てきます。その感覚が出てきたら、それを確認してください。その感覚が出てきたら、そこでいったん上げるのをやめて止めてみてください。……そこで肩の高さを維持してください。維持をしていると、今度は「ジワジワと肩周りの力が弛む感覚」が出るかどうか、「出てくるかな」という感じで待ってみてください。【⇒フロー

チャート5° 6° 7° 8°】

　緊張部位が出てきたら今度は待って身体が弛む感覚を味わってください。もしも緊張部位が出てこなくてもいいですよ。この後、どこかで出てくるでしょうから……。

　「少し弛んだな」と思ったら、再び肩を真上に上げてください【⇒フローチャート9°】。耳の方向という場合もあります。肩を真上に上げようとしていくと、結果的に耳の方向に肩が動いてく行くことにもなりますが、真上に上げるつもりで、上げてみてください。

　そうすると、また「ギュギュギュッと肩の周りに力が入ってくるな」という感覚が出てくると思います。……そのときに首が倒れていないか、肘の力が入っていないか、あるいは体が傾いていないか、チェックしてみてください。今回Zoomだと自分の姿勢が見えますから、修正しやすいですね。

　そのまましばらくじっと待っていてください。……待っていると肩の周りが「弛むかな」「弛んでくるかな」という感じで待ってください。……またさらに上げられる人がいったら、もうひと段階、また肩を上に上げてみてください、ググッと（動かして）、そうすると肩の周りにギュギュギュッと力が入ってくる感じが出てくると思います。これ以上、上がらない人がいたら、そのまま待っていてください。ジーッと上げたあと待っていてください、肩の高さを維持してください。

　肩の高さを維持していると、「肩周りがジワジワと弛むかな」「弛んでくるかな」というのを確認してください。緩んでいく感覚、動作感というか、緩んで、リラックスしていくプロセスにも注目してください、まだ肩が上がる人がいたら、上げるときの感覚にも注目してください、肩をググッと上げる、「ゆっくりと、今上げていっているな」という感覚、まだ上がる人は上げてみてください、これ以上上がらないところまで上げてみてください、グググググッと。肘に力が入っていたら、肘の力を抜く、手首を抜く、姿勢がまっすぐになっているかを確認する、前後左右で確認する。……

まだ肩が上げられそうですか？（被験者は首を振って否定）
ここまでが限界、じゃあ、力が抜ける感じを味わって下さい。
しばらく待っていますね。【⇒フローチャート10°、11°】

　「肩がこれ以上、上がらない」という人は、同じ高さ、肩の高
さを維持して待っていてください【⇒フローチャート11°、14°】。
何回かやったり、長く維持すると疲労する可能性があります。
もうそろそろ肩を降ろすことにします。首はまっすぐ立てて
おいてください。……はい、じゃあ、ここからゆっくりと肩
を降ろしていきましょう、ゆっくりとジワジワと感じながら、
肩をゆっくり降ろしていってください。肩をゆっくりと降ろ
しておろしていってください。そのとき、「肩が降りていくと
きにどんな気持ちかな」「どんな感覚かな」というのを大事に
して下さい。取り組む前と肩を下ろし終えた後との違いを確
認して下さい。

　「肩が降りたな」というところまで降ろして下さい。これが
1回目です。

　肩を上げた側と、上げていない側との違いであったり、「肩
の高さでどうかな」ということに注目してみたり、「今の気分
はどうかな」ということに注目してみたり、「呼吸はどうなっ
ているかな」と注目してみたり、時には目を開けると、「周り
の見え方がどうかな」ということに気づいた、いくつか感じ
ることがあれば、それを覚えておいていただくといいと思い
ます。これが1回目です。【⇒フローチャート12°、14°】

★2回目の肩上げ

　2回目、また同じ肩でやりたいと思いますけれど、2回目も
同じ要領です。2回目の要領も同じです。

　また肩を上げていきたいと思います。また肩を少し上げて
みてください、そうして「1回目との違いがどうかな」という
ことも確認してみてください。

　肩の高さを維持しておいて、「ギュギュギュッと入った力が、

少し抜けてくるかな、どうかな」というのを注目してみてください。同じ高さを維持した後、再び上げてもらうのは構いません、自分のペースで、これ以上、上がらないところまで上げていってください。

　しばらく私も黙って静かにしますので、自分のペースで上げては待って、待っては上げてというのをやってみてください、これ以上、上がらないところまで上げたら、ゆっくりと降ろして下さい。

　どうぞ、自分のペースでやってください。……これは参考までに、上げているときに上体の位置をずらすと、緊張部位が変わるのに気づく人がいたら、「緊張、強いな」と思うところで、ちょっと待って、弛むのを待つというやり方もできます。あと、上げたあとに首を動かしてみると、首の位置によって緊張部位が変わったところを、少し待つということもできるかと思います。こうやって自分の身体の緊張をほぐすということもできますので、そういうセルフケアに使えます。

　これ以上、上がらないところまで上げたら、ゆっくりと降ろして待ってみてください。

　今回、上げる・下げるを3回までやった後、このセッションを終わりたいと思います。今回は3回だけれど、1回で終わってもいいし、2回でもいいし、3回でもいい。それ以上やると疲労感が出る恐れがありますので勧めません。2回目おろしたら、どうかな、「1回目との違いどうだったかな」と、そんなところに注目してもらいたい、「気分は今どうなっているかな」と感じて下さい。

　中には、緊張が目立ってきたことに気づいてくる人もいるかもしれませんが、それは「表面上のこりがほぐれて、内面のこりが出てきた」というふうにとらえて頂きたい。この場合は、肩を限界まで上げた状態で、首を回転させて動かして内部のコリに緊張感を連動させて届けながら弛めるということをやれるといいかもしれません。

★3回目の肩上げと質疑

被験者1 （今どんな状況？）3回目やろうと。

長谷川 3回目をどうぞ、やってみてください、やる回数は最大3回くらいでいいかなと思います。

　　上げたときに、例えば、右肩を上げて維持している時に、左前方に首を傾けると、倒した方向と対角線側あたりにある首の部位にコリを感じる。コリが際立ってくるのですね。首をゆっくり回転させて目立ってきたコリを弛めます。「（コリが）ちょっときつくなったな」と思ったら弛めたり、首をあちらこちらにゆっくりと動かしたり回したりしてコリを調整すること自体がセルフケアになります。また首をまっすぐ立てて起こした上で、肩を上げてみると「先ほどより弛んだな」と感じるかもしれません。個人差がありますが、身体と向き合って欲しい。「こうやるとどうなるのだろう」「こう動かすとどうなるかな」と工夫してみてください。時間の兼ね合いで片側しかできませんが、本来は両方の肩を取り上げて下さい。「肩を上げて、どんな感じでしたか？」「肩を降ろすと、どんな感じでしたか？」「肩を上げるときに、どんな気分でしたか？」「降ろした後の気分、どうでしたか？」と、自分で自分に聞いてみてほしいところです。

　　では、会場の被験者に伺ってみましょう。どうでした？

被験者1 最初はちょっと「きついな」と思っていたのですけれど、2回目3回目とかになってくると、終わったあと、ジワッとちょっと温かくなる感じが気持ちよかったです。

長谷川 最初はきつかったけれど、2回3回と重ねるとジワッと気持ちよかった、わかりました。気分の変化は、1回スキャンをやっていただいた上で聞くのがいいですね。頭頂部から足先までのスキャンで、「自分の緊張どうなっているかな」　多分、片方の肩しか取り組んでいないから、取り組んでいない反対側の肩の違和感に気づくかもしれな

いし、意外に反対側も弛んでいるかもしれない、ちょっと
それはわかりませんが、1回スキャンをしてみてください、
上から下までいって、下から上にあがってみてください。

被験者 1　さっきより、だいぶリラックスしています。

長谷川　どこがリラックスしたのでしょう？気分なのか緊張
部位なのか、どこがが変わりましたか？

被験者 1　上半身のほうが結構ダランという感じです。

長谷川　ダランとした感じ、はい、ありがとうございます。気
持ちの中で 10 点満点中、今が何点か、よければ、先ほどが
何点で今は何点とか、変わらないとか、そのあたりも教え
てもらえます？

被験者 1　さっき 4 でしたが、今は 7 とか、結構高い値となっ
て、気分が楽になりました。

長谷川　楽になった、4 が 7 になった、気分がいい方向に上
がったということですね。

被験者 1　リラックスできました。

長谷川　ありがとうございます。ということで、セルフケア
として、肩上げ課題をこういうように取り組むというのを、
今回体験してもらいました。

被験者 1　やる前より結構リラックスできたかなというのと、
自分でもやりやすい。

長谷川　やりやすいと思った。あとで反対側をやっておいて
下さい。これで終わります。ありがとうございました。

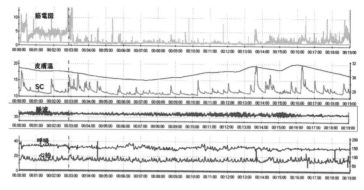

図 10-1　着座姿勢での肩上げ課題（被験者 1）の生理測定グラフ

小林　これは先ほどの臨床動作法実施中の生理反応です。上から筋電図、皮膚温、SC（皮膚電気活動）、脈波、呼吸、心拍の測定結果です。筋電図は、肩上げをしなかった方の腕から測定していますので、全体に力は抜けた状態です。本人の感想にもありました「2 回目、3 回目とやっていくうちにジワッと温かくなって気持ちよかった、後半だいぶリラックスした」というのが、特に後半の皮膚温の上昇に現れています。この傾向は脈波や心拍にも見られます。後半 SC には反応が出ていますので、肩上げの動作などには意識が向いて集中していると思われますが、全体に心身のリラクセイションが得られているようです。

　同じプロトコルでおこなった着座姿勢での肩上げ課題の実演 2 例について、生理反応の結果を中心に以下に解説とあわせて掲載します。

★着座姿勢での肩上げ課題の実演２

長谷川　先ほどの動作法の肩上げ課題実践時の生理測定につ
いて、小林先生から結果を共有していただけるでしょうか。

小林　動作法に入る前と終了後に、血圧、脈拍、それと唾液ア
ミラーゼ活性という交感神経の活動を反映する指標を簡
単に測らせてもらいました。

　実施前、やはり「ちょっと緊張していた」ということでし
たが、血圧は上が 125、下が 92 という値でした。これが動作
法終了後は上が 109、下が 75 という数値となっていまし
た。唾液アミラーゼ活性についてですが、これは数値自体
に基準はないのですが、値が高いほど、交感神経の活動が
高まっているということ示すもので、事前の値が 41 だっ
たのに対し、終了時には 32 と下がっていました。おそらく、
動作法でかなり落ちついた状態になったのではないか、そ
れがこれら生理学反応にも現れていました。

　同時に心拍、皮膚温、SC なども測定しておりましたが、
今回動きの影響もありセンサーの装着状態の不備で正確
な測定が出来ていなかったこともあって、明確な反応の傾
向はみられませんでした。

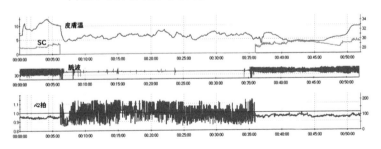

図 10-2 着座姿勢での肩上げ課題（被験者 2）の生理測定グラフ

長谷川　ありがとうございます。好意的な値が出て、ちょっと安心して、私も緊張が下がったところです。

★着座姿勢での肩上げ課題の実演3

【プロトコル省略】

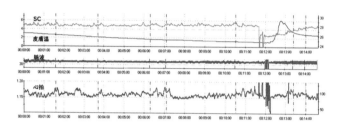

図10-3 着座姿勢での肩上げ課題（被験者3）の生理測定グラフ

小林　これは先ほどの着座姿勢で肩上げ動作課題をやりながら、動かしていない方の手から、心拍、末梢の皮膚温度、SC（皮膚電気活動）といった自律神経系の活動を中心に生理反応を継時的に測定した結果です。ただ、身体を動かすという動作法の特徴から、特に後半に動作によるノイズが入ったりしていますので、少し分かりにくい部分があります。また部屋が少し寒かったせいもあるかもしれませんが、皮膚温は低めで低下傾向を示していました。その中で、1つ特徴的な反応がみられました。一番下のグラフが心拍の変化を表しています。この方は、今回実践をやる前から別の機会にも何回か心拍を測定したことがあるのですが、平均心拍が比較的高めで、ご本人に聞いても、「普段から少し心拍数は高めなので」とおっしゃっていました。今回の実演中も前半はやはり心拍数が高めなのですが、ちょうど後半の「自分のペースで肩上げをする」というあたりから、かなり心拍数の値がグッと下がっています。特段、リラッ

クスということでもないのかもしれませんが、現象として
は、心拍数が高めの人だったのですが、肩上げの最後の自
分のペースでやっているときに、安定して心拍が下がって
いました。自分のペースでやっているときに、何か気持ち
的に変化とか、変わったこととかありませんでした？

被験者3　「自分のペースでやっていたので、落ちついてでき
た」というのがあったと思うんです。

岡本　落ちついてできた？

被験者3　はい。

小林　なるほど。「自分のペースでやったときが一番落ちつ
いてできていた」ということですね。そういった状態が心
拍数に現れたのですかね。通常の心拍数の高さから考える
と、ただ落ち着いただけでなく、やはり動作法の実践とい
うものの効果があったのではないかと、生理反応から解釈
できるかもしれません。私のほうからは以上です。

★Zoom参加者からの質問・コメント

長谷川　わかりました。まず、Zoom参加の方から質問や感
想をいただければと思うんですが、どうでしょう。

P　初めて参加させていただきまして、今のインストラク
ションに沿って、私もさせていただいたんですけれども、
「感じ方についての体験」ということだったのですが、「緊
張がほぐれる」という感じ方が、ちょっとまだ初めてやっ
て、感じづらいというふうに思いました。

長谷川　どんな感じだったのですか、今やられてみて、どんな
感じ方をされていました、どんな体験だったかを聞きたい
です。

P　「持ち上げていって止めて」というところでは、止めてい
ると、筋肉はプルプルしてはいないと思うのですけれども、
そのようなイメージを持っていたのですが、それが弛む
というのは、どういうイメージか、ちょっとつかみかねて、

「プルプルとかしなくなった感じかな」という感じで、勝手にイメージで進めておりました。

長谷川　プルプルしなくなった感じでいいです。筋肉を保つような、高さを保つことに向ける筋肉と、中の内部がギュッと収縮してくるような部位と、2種類に分かれています。保つ部位のほうはブルブルします。だけれど、肩の中身の筋肉がギューッと何か固まった部位が、ふと弛むのです。「そちらのほうに注目してください」というふうに教示すればよかったかもしれません。

P　いえいえ、おもしろい体験をさせていただきました。

長谷川　そうですか、ありがとうございます。
　　感想なり、実際に肩上げ動作課題をやってみられた上での質問や感想を伺えたらと思います。いかがでしょうか。

U　もうなんか、脱力を超えて、ちょっと眠くなるところまできてしまったのですが、肩はすごい楽になって、逆に「背骨がすごく固いな」というのを感じています。

長谷川　「一部弛んだら、ほかのところが明確化した」ということも、多分生じることですね。ぼんやりしていた肩凝りが、少し明確に、「ここだけ凝ったとわかる」とか、そういった報告をされる方もいらっしゃいます。感じ方はさまざまなので、「これが絶対」というものはないですけれど、取り組んでいただく方に聞くと、そんなものがあります。

W　私は目を閉じながらやったのですが、目を閉じて肩を上げているときは、頭の中に肩を上げている自分の姿がイメージされて、「ああ、肩上げているな」と意識しながらやっていたんですが、1回止めてリラックスしているときには自分の姿がブーッと消えて、真っ暗な中で集中してポケッとしてリラックスした感じがしていまして、また肩をゆっくり戻すと、肩を下している自分の姿がまた出てきて、「ああ、肩を下しているな」と思いました。自分の動作を意識する瞬間と、意識していない瞬間とが明確に分かれて、意識していない瞬間ではリラックスしているようなイ

メージを受けました、そんな体験でした。

長谷川　わかりました。もともと瞑想などの経験はおありですか。

W　全くないです。

長谷川　視覚イメージが出やすい方だなと思います。動作法の場合、現実的な身体の感覚に注目をするので、身体の今の筋緊張とか、どこかそういったことに注目をするということを比較的お勧めをするのですが、今のようなイメージが出るという方もいらっしゃるようですね。感じ方は個人差があるのですけれど、そういった「自分にとって快適な体験であった」ということを味わっていただけたらご提示したかいがあったと思います。

長谷川　フロアの感想を聞きます、もちろん、質問も結構です。もいいです、「こんなになっちゃったけれど、いいでしょうか？」というのがあれば、それでもいいですけれど。どなたか。

Q　最初右のほうはよかったんですが、左のほうはちょっと眠くなっちゃいました。眠気にならないようにするには、どうしたらよろしいんですか。

長谷川　やはり姿勢をしっかり保つことです。自体軸をつくることです。眠くなりそうな人は、姿勢をまっすぐにすること、途中で自分の身体の感覚を確認する意味で、首を回したり、首や身体の部位を多少動かしてもらって構いません。

Q　はい、わかりました。

R　質問してもいいですか？肩挙げですけれど、1回目グーッと挙げて、「これ以上いかないな」と思ってしばらく止めて、「弛んだな」と思ってちょっと時間をおいて、さらに挙げて、若干挙がるような気がして3回目やっているときも若干挙がるような気がしたのですけれど、逆に、挙げてい

るほうの脇腹とか首回りが、ちょっと緊張しているような気がしたんですけれど、それは構わないのかどうか。

長谷川　それは随伴緊張というのですけれど、本来狙ったところ以外の緊張を、知らぬ間に無自覚に入れてしまうのです。もし、そういう緊張気づいたら弛めてもらえばいいです。私のほうの説明不足だったのですけれど、狙った部位以外のところに緊張が出てきたら、そこも弛めながら取り組む。あちらこちらに気を配りながら、このセルフ・ケアという中では肝は「リラックス」なのです。ですから、「緊張を意図的につくって、それを弛める」という行為を肩中心にやっていますけれど、「肩を弛めるために、ほかの部分で緊張させているならば、その部位も弛めながらやる」というのがもっと望ましい方法だと思います。ほかの部位の、緊張にもし気づいたら弛めてください。

　　さっきのデモで、「肘の力、弛めてください」だとか、「手首の力、弛めてください」というのは、そういう随伴緊張を指摘していたところです。

R　そうすると、「腕とか肩周りが緊張していないな」と思っても、脇腹とか首回りとかに緊張を感じたら、むしろ、そこまではやらないといけないのでしょうか。

長谷川　そこも弛めてくださっていいです。「弛める」というのがしにくい場合は、そこを多少動かしてみます。「動かして弛める」というところが動作法にはありますので、注意を向けて弛められなかったら、少し軽く動かしてみてください。

B　発言させていただきます。今まで、ちょっと肩が凝ったとき、ギュッと力を入れて、ストンと落とすみたいなことをやっていてそれはそれでいいと思ったのですが、今回の「自然に、こう弛んでいく」ということのほうが、何かその部位を意識することで広がっていくような感じがありました。

長谷川　身体部位に注意を向けるとゆるんだ時に変化に気づ

くことが動作法での支援の中ではよくあります。両肩同時
にやるよりは、部分、部分でやったほうが、リラックスなり、
取り組み方がやりやすかったんでしょうね。

11章

臨床動作法によるセルフケア2
──腕挙げ、立位膝前出し・膝伸ばし

長谷川明弘

(東洋英和女学院大学教授)

★臨床動作法によるセルフケア②：着座姿勢での腕挙げ課題

★フローチャート(着座での腕挙げ)

1° (椅子や胡座姿勢で床に) 上体を起こして座る。

2° 今の気持ちはどのようであるか評価する。10点満点で、「最高を10点とし、最低を1点とした場合に、現在の気持ちは、何点くらいか？」と気持ちを評定する。

　気持ちの自己評定/スケーリング・クエスチョン・効果測定の際のベースラインの測定

3° ボディスキャンをする。頭頂部から、足下までゆっくりと時間をかけて身体の緊張がどのようなのか、身体を少し動かしながら確認する。足下まで至ったら、今度は頭頂部に向けて緊張部位を確認する。

4-1° 椅子に座っている場合：背もたれから背中を離して背筋を伸ばして座る。また両足を床にしっかりと着けて座る。お尻が均等に座っているように前後左右に上体を動

かして均等なところを探す。

4-2° 胡座姿勢の場合：背筋を伸ばして座る。両膝をできる
限り床に近づける。お尻が均等に座っているように前後
左右に状態を動かして均等なところを探す。

5° どちらか上げる方の腕を決める。

6° その腕をゆっくりと真上方向に上げる。腕の軌道は体側
の延長線上に沿わせる。

7° 腕をゆっくりと上げてみる。途中で上げにくい感じが出
てきたら動きを止める。

※腕を前方の水平に向けた高さを超え、腕が真上に向かう高
さまでの間で、腕が地面に対して45度の角度あたりから
上げにくさを感じる人が多い。

腕の上げにくさを感じたら、腕を上げるのを止めて一旦待つ。
腕の高さは、その高さのままで維持する。

全身ではなく、一部の緊張と弛緩を行って自体をコントロー
ルする。

8° 腕をその高さのままでいる中で、「肩の周り」「腕」に注意す
る。力が入っていないか？ 緊張感を感じていないか？
腕の高さを維持することで「肩周り」と「腕」に入っている
力を抜く。腕の高さを維持しながら待っていると力が抜け
ることもある。肩周りから首に掛けて力が入っていないか
にも注目する。腕の高さをそのままにして待って、力を抜
こうとするとその部位の力が抜けて、肩周りが楽な感じが
出ることがある。

　自体に注意を向けて弛緩してもらう。

9° 肩周りや首周りにかけて、力が抜けた感じが出たら、再
び真上方向に腕を上げるもしかして力が抜けたか分から
なかった場合でも、再び腕を真上方向に上げてみる。

10° 6°から9°を数回繰り返す。

11° 腕が真上の垂直に位置したら腕を上げること止める。腕
を真上にして、腕の重みが肩に集まるようにする。少し
待って肩まわりに注目する。肩まわりに緊張を感じたら、

弛めてみる。その後、ゆっくりと腕をおろす。

　　自体をコントロールしながら、自体の変化に注目する。

12°　6°から11°を1セットとして2、3回繰り返す。

13°　反対側の腕についても7°から13°までの手順を同様に行う。

14°　自己に随時状況を次のように確認してみて下さい。「腕を上げるときにどんな気分でしたか」「腕を上げたときにどんな感じでしたか」「腕をおろす途中はどんな感じでしたか」「腕をおろした後の気分はどうでしたか？」

　　自己の体験を推測し把握するために尋ねる。

15°　随時効果測定の質問をして、効果発現を診て、実施が妥当か、効果が発現したので打ち切るなどの判断をする。すなわち、(a) スケーリング・クエスチョンの値が減る（8から3以下など）。(b) ボディスキャンをして最初に比べて緊張した部位が弛められたと感じたり「こころ」と「からだ」に関して受け止め方が変わることは重要な指標となる。

★フローチャート実施上のポイント

A) 自分の「からだ」を動かしているという感じを味わいながら肩を挙げる。

B) 腕を素早く上げることが目的ではなく、結果的に腕を動かしたという心つもりで取り組む。

C) 上げている腕とは反対側の方向に上体が傾いていくことがあるので、途中で「腕を上げている側のお尻に乗るように姿勢を戻す」と姿勢保持の修正をする。同様に首が傾いたり、肘や手首、そして肩周りなどに余計な動きや力が入っていないか気配りをして、姿勢を適切に保つように心掛ける。

D) 実施の区切りがいいところで「今の気持ち」についてスケーリング・クエスチョンを行って、変化を把握す

る。一定の効果が出たところで、反対側の腕に課題を移す。なお最初の腕に5分以上（目安）取り組んでもスケーリングの値が落ちないとか想起の仕方に変化が生じないといった効果が出ない場合は、後で疲労感を感じる可能性があり、かつ他のアプローチが適切な場合があるので、動作法での実施を打ち切る。

E) 腕以外の身体部位の痛みや不調を感じる場合がある。その場合は、腕以外の訴えのあった部位をゆっくり動かして弛める。訴えが出た痛みが軽減したら、再び腕部位に戻って取り組む。

臨床動作法によるセルフケアの講義

ここでは、セルフケアと臨床動作法について説明した後に、今回、取り組んでいるときの自分の気持ち、体験というのかな、「どのような気持ちで、今ここで、動作に取り組んでいるか」というところに注目していただきたいです。

いくつか例を挙げましょう。手を上げるときに、「きょうはいつもより肩が重いな」「腕が重いな」とか、何か感じるものがあるかと思います。「ああ、スムーズに上がった」とか、いろいろ感じるものがあるのではないかと思うのです。そのようなことで、「自分と対話しながら動作をする」ということが、心の中のセルフケアになってくるところになります。

例えば「肩を上げる」という動作課題に取り組み始めた直後は、「自分が動かしていこう」という主導感が優位になっていて、動作感という動いている感じ、「ああ、肩が上がっていくな」「肩を上げているな」「上がっていくな」という感じと区別ができないでしょう。でも、そのうち、動いていく感じ、「ああ、今上がっていっているな」とか、動作の中に感じる受け止め方の中に、「動かそう」というところと、「動いていくな」というところつまり動作感が優位になるときがある。主動感と動作感の2つの分離というか、区別ができるようになると、「今

自分の気持ちがどうだろうか」とか、そんなことを受け止めることができてくると思います。これは体験して実感してみないと何とも言えないのですが、そういうようなところに注目をしていただきたいというのが、今回のセルフケアの大切なポイントです。私は、主動感から動作感へ、反対に動作感から主動感へと交互に行き来する過程が、自然にトランス状態に入る過程であると考えています。

　セルフケアのためのワークショップですから、セラピスト自身がセラピスト自身を支援するという一人二役をやることになります。セラピストが自身を支援するという一人二役を行う点も、役割意識の切り替えが繰り返される点で自然なトランス状態を活用しているとも考えられます。このように臨床動作法は、支援の構造自体が自然なトランスを引き起こしやすいのではないかと考えられます。

　さて「からだ」を動かしていて「ちょっと突っ張るな」とか、そういうことを思いながら動かしていくとき、「腕を挙げる」気持ちや「突っ張る」気持ちなどを伴ってきます。同じように「膝を曲げる」「膝を伸ばす」場合でも、自己と対話しながら進めます。あくまで心理療法ですので、「からだ」を動かしていく中で、「どんな感じがした？」と自問自答していくというのが、心理療法としての動作法です。

　臨床動作法が展開していく過程の説明をします。心理療法の中で、身体に触れるということ自体が心理療法の場にそぐわないと言われます。身体に触れるということ自体、西洋に端を発して会話が中心となる心理療法の中では慎重に取り上げた方が良いという考え方があります。私は、かつて臨床動作法の事例報告を日本心療内科学会で行った際に、会場にいた著名な行動療法家から、心理療法の中で身体に触れることは海外では禁忌であること、触れることをどのように捉えているのかと疑問を投げかけられました。心理療法はほとんどが会話中心であり、その疑問は倫理的な意味合いでも大切な指摘でした。その場で説明したのは、ここは日本であること、

「ふれる」と「さわる」は違うことを伝えました。下心を持ってさわればクライアントに伝わるので面接に悪影響をもたらし、倫理的な問題である。手でふれるのはあくまでクライアントの取り組み方を把握するためであり、その為に研修を受けて適切な触れ方を身につけるよう研鑽を積んでいるし、臨床動作法の資格制度の設置が検討されていることを伝えました。丁度この指摘を受けた2000年くらいから「触れない臨床動作法」というものが生まれてきました。適応対象が増えていく中でトラウマケアをされる方がいて、「身体と心が傷ついたとき、身体に触れること自体が、さらにトラウマを悪くさせる可能性もあるのではないか、慎重にやろう」という動きがあり、「声かけだけでやる触れない動作法」が生まれてきました。2020年からはコロナ感染症が蔓延したこともあって、Zoomを介して声かけだけで行う、遠隔、オンライン動作法など、動作法そのものも、状況に即していろいろ展開しています。柔軟に実施の仕方が変わってきています。

　その中で一貫してあるのが、「自分の身体に向き合う」「自分の身体の状態をチェックして向き合う」という考え方です。その意味で、臨床動作法は、セルフ・ケアというテーマにとても合っています。私自身、最初に臨床動作法を学んだとき、当時に肩こりが強くあったのですが、臨床動作法を自分で行うことで「すごく肩が楽になった」という感じがしたし、あとで、自分で肩開きや肩上げといった動作課題を試していると、「あっ、力が抜けた感じがする」とか、自分のケアができるようになっています。

　臨床動作法の研修会に参加すると、日ごろ臨床心理士や公認心理師として実践している方たちが、お互いに、「もっと、ここを弛めてください」とリクエストし合ったり、自分を癒す、自分をケアすることを行いあったりする場面をよく見ます。このように動作法は、セルフケアや自己のメンテナンスにすごく使える節があります。

　臨床動作法は、自己治癒力が発揮される条件を備えてい

ます（長谷川, 2008）。自己治癒力が発動するためには「自己」が存在を受け入れ、自分に向き合うことが求められます（川村,1998）。臨床動作法の過程は、「自己」による主体活動である「動作」を資源とみなして、主体が動作課題に取り組む過程そのものが自己に向き合って新しい自己を体験する心理過程となっています。

着座姿勢での腕挙げ課題の実演：被験者 1

長谷川　まず実施前の測定が終わりました。上体を起こして座って下さい【⇒フローチャート 1°】。スケーリング・クエスチョンをします。気分について 1 から 10 の 10 点満点で、最高を 10 点として最低を 1 点とします。今何点くらいでしょう。一人で取り組むときは、最初に今の状態を自己評価して下さい。【⇒フローチャート 2°】

被験者　6 点くらい。

長谷川　6 点くらい、わかりました。ありがとうございます。あとで何回か聞きますね（一人で取り組むときは、適宜評価して下さい）。目は開けていても閉じてもいいので、自分の身体、頭のてっぺんから足のつま先まで、頭から始めてスキャニングをしてもらいます。「緊張しているところがあるのかな、ないのかな」とか探してみて下さい。自分の身体のモニターとチェックをお願いします。（暫く待つ）　スキャニングをして何か気づいたことはありますか。【⇒フローチャート 3°】

被験者　あまり緊張はしていないです。

長谷川　それはそれでよかった、わかりました。すでに動作法に取り組む基本姿勢をとってくださっています。椅子の背もたれから離れて座ることと、両足を揃えて床にしっかりとつけて座って下さい。これが基本の姿勢になります。【⇒

フローチャート 4°】

　今日は実演と合わせた測定があるので、測定機器を装着していない右側の腕しか腕挙げができませんけれど、Zoom で参加している皆さんは、右か左、どちらか上げる側の腕を決めてください。【⇒フローチャート 5°】

　腕の上げ方の方向ですが、身体にそって上げてください。体軸にそって挙げて下さい。【⇒フローチャート 6°】もうちょっと内側の軌道がいいかな、身体の側面では身体に腕が着くような感じにして下さい。身体の側面の延長線上に沿って腕を上げてください。二人一組で取り組むときには、腕や身体のどこに緊張が出るのかを確認するのですが、セルフケアという枠組みの中で自分で上げて行くときに「どこか引っかかるところがあるかな、ないかな」というのを最初に一度腕を挙げて降ろしたときに確認しておくと良いかもしれません。【⇒フローチャート 7°】

　これも個人差があるので、予めお知らせしておきますが、身体の側面から離れた外側の軌道になると腕を動かすのが楽になります、軌道が内側になると難しくなります。極力、身体の側面の軸に沿うこと、つまり体側に沿った軌道で上げていくようにして下さい。もし動かしてみて、「簡単だな」と感じる人がいたら、腕を伸ばしたまま肩を支点にして内側に折った軌道で腕を動かして下さい。「難しいな」と思ったら、気持ち外側だけれど、大事な肝心な緊張部位を避けて動かしてしまう可能性があります。今回はオンラインでの研修会なのでオンラインの良いところは、自分の状態をモニターしながら取り組めます。一人で行うときは鏡で取り組む姿を見ながらしても似た感じになります。今自分がどのように動かしているか、動いているのかを確認できる点がオンラインの良さでもありますので、目の前のモニターで自分の様子を見ながら、腕を上げていく過程を確認してください。

　では、今からやってもらいます。

ゆっくりと腕を上げてください、ゆっくりと、……
ちょっと緊張が出てきたら動かすことを止めてください。
【⇒フローチャート7°、8°、9°】（上げていく腕が水平位
置を過ぎたあたりで、動きがゆっくりとなることを確認し
て）このあたりから肩や腕に緊張が出る人が多いね、もっ
とゆっくり、ゆっくりと上げて、気持ち内側（の軌道）に、緊
張を感じる前に、（上げていく腕が垂直に近づくにつれ
て）ここからだんだんと肩の緊張が出る感じなら、少し上
げることを止めてもらうと、出てきた緊張が少し弛むかな、
「弛んだな」と思ったら、また上げてください。【⇒フロー
チャート10°】

　このときに腕を、肩に向けて押すというか引っ張るよう
にすると緊張が明確になりやすくなります。引くようにす
るというのが分かりやすいかな。腕を肩に向けて引くよう
にすると緊張が出るのが明確になるので、その状態で腕を
動かさず少し待っていただくと、出てきた緊張が弛む感じ
になります。

　緊張した部位を感じますか？

　「（緊張部位が）弛んだな」と思ったら、再びまた動かして
ください。肩の周りの緊張が弛むかどうかということに注
目をしてください。」「今、どんな気持ちで取り組んでいる
か」というところに注目をしてください。首の周りとかの
緊張というのは、少し動かすのを待って首の周りに緊張が
あるところに注目すると、ちょっと弛む感じに気づくかも
しれません。

────　少し間を置く（被験者が体験を味わうため）

　もうちょっと腕を上げられますか？だいぶ腕が真上に
上げてくると、緊張も強まってくる感じがしていますね。
もうちょっと上げられる？　そうだね。腕の重みを肩に集
めることはできますか？その重みのところに、集まったと
ころの緊張を弛められるかどうかはどう？　腕の重みを
肩に集めてくる感じ、少し動かさずに待って、集まってい

る肩の集中したところを中心点にして
ちょっと弧を描くように腕をグルグ
ルッとストローでかき混ぜるような感
じ、それでやると緊張が弛む感じがわ
かりますか？（うなずきを確認）はい。
【⇒フローチャート11°】

　もうちょっと腕を上げられるかな？
……ここまでが限界かな？……「これ
以上、上がらない」というところを確認できたら少し待っ
て、それから、ゆっくりと腕をおろしてください。……緊
張があれば少し待ったらいいからね、ゆっくりと降ろして
いきます。（被験者がゆっくりと腕を降ろしていく）……
そうですね。そうです。

　はい、今どうでした？

被験者　降ろしているときが一番緊張しました。

長谷川　降ろしているときが緊張した？　降ろし終えた今は
どう？

被験者　少し緊張しています。

長谷川　最初の10点満点が何点くらいですか。【⇒フロー
チャート2°】

被験者　5点。

長谷川　最初の6がいま5になった。わかりました。今度は私
の教示なしに、自分で腕を上げて、そして降ろしてという
のをやってください。大事な点は、上げたところで腕を肩
に引くことかな。腕を引いて肩に集中させる。そのときに
ストローで混ぜる感じでグルグルッとして肩の周りの緊
張部位を弛める。可能な限り腕を上げた状態でそれをやる。
微妙に動かす感じくらい。終わったらゆっくりと降ろして
いく。そういうのを、1人でやってみてください。【⇒フロー
チャート12°】

　被験者以外の皆さんも1人で、1回やってみてください。
じゃあ、どうぞ、始めてください。

（腕が水平位置より高くなってきたところで）ここから
が難しいところですね。丁寧にやってください。（腕を垂
直方向に挙げて、グルグルと回したことを確認）自分でい
いなと思ったら降ろして下さい。（ゆっくりと腕を降ろし
ていく）

（腕を降ろし終えたことを確認して）はい、どうでしょう
か。【⇒フローチャート15°】

被験者　さっきよりは緊張はしなかった。

長谷川　ああ、そうですか、それは良かった。今何点くらいで
すか。

被験者　4点くらい。

長谷川　4点、1点さらに下がったね、無理に下げることを要
求しているつもりはありません。今2回目が終わりました。
もう1回くらいやって右側の腕挙げを終わりにしたいと
思います。

じゃあ、どうぞ、もう1回、自分のペースでやってみてく
ださい、皆さんもどうぞ、自分でやってください。（腕挙げ
を一通り行うことを確認する間観察して待機している）

はい、どうでしょうか。

被験者　降ろすときが緊張しました。

長谷川　今気分は何点ですか。

被験者　4点くらいです。

長谷川　わかりました、変わらなくても良いですよ。ありがと
うございます。少し感想なども聞きたいのですが、上げる
ときは、どんな感じでしたか、何回かやってもらったけれ
ど、最初、2回目、3回目での違いなどもあれば教えて下さい。

被験者　一番真上のときが一番緊張はしたのですけれど。

長谷川　降ろしていく途中はどう？

被験者　それと、降ろしていく途中から緊張しました。

長谷川　気分はどう？　気分というか、上げていくときに、
「動かしているな」とか「動かせているな」とか「緊張がどう
なっているか」、そういったものに気づきましたか。

被験者　ずっと上げている最中も緊張感はあって、モニターを見ながらやっていると、腕がまっすぐではなく「腕が斜めに上がっちゃうな」と思いながらいました。

長谷川　たしかに緊張しているのですね。

被験者　はい。

長谷川　降ろすときはどう？

被験者　降ろすときは、上げるときに比べて、ずっと緊張していました。

長谷川　上げるときよりも、降ろすときに緊張していた？

被験者　緊張しました。

長谷川　難しい感じがした？　心が緊張か、腕が緊張かですか、どんな感じですか。

被験者　「腕がずっと緊張しているな」と思いました。

長谷川　わかりました、ありがとうございます、そんなところかな。今一通り終わってみた評点ですけれど、10点満点で何点くらいですか。

被験者　4点。

長谷川　4点。わかりました、ありがとうございました。

　　　今回は測定もあり右腕だけしかできていないので、左腕もやれるといいけれど、測定機器をつけているから、ここまでにさせてもらいます、ありがとうございます。後で反

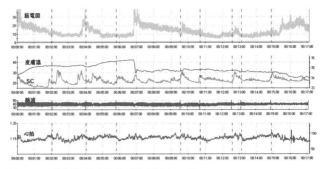

図 11-1　動作法 着座腕上げ生理測定のグラフ

対側も取り組んでみて下さい。【⇒フローチャート13°】

　ひとまず着座姿勢での腕挙げのセルフケアの実演は、ここまでです。では、生理的データの解説をご覧ください。

小林　グラフは腕上げ実践中の生理反応の変化です。今回は腕上げの動作をしない方の手を用いて、筋電図、皮膚温、SC（皮膚電気活動）、心拍の測定をしました。途中7分経過の箇所で、一部センサーをつけ直したことによる変化が出ています。被験者自身もおっしゃっていましたが、最初からあまり緊張はしていないという事は皮膚温やSCの値に現れています。腕上げ訓練による顕著な変化は認められ難いですが、腕上げを繰り返す事により身体的な緊張のレベルは下がっているように見られます。ただ、「降ろすときに緊張した」と感想にあるように、特に自分のペースで実施した後半では、動作の後半で筋電図の微増がみられるように、身体的には緊張が高まっていたことが窺えます。反面気持ち的（心理的）には訓練後半の方が「落ち着いてきた」ということが、後半のSCの低下と安定に現れていています。

★臨床動作法によるセルフケア③：立位姿勢での膝前出し・膝伸ばし

★フローチャート（立位での膝前出し・膝伸ばし）

1°　（周りに広い空間がある場所で）まっすぐな姿勢で立つ。
2°　今の気持ちはどのようであるか評価する。10点満点で、「最高を10点とし、最低を1点とした場合に、現在の気持ちは、何点くらいか？」と気持ちを評定する。
　　気持ちの自己評定/スケーリング・クエスチョン・効果測定の際のベースラインの測定
3°　今の気持ちを評価した後、ボディスキャンをする。頭頂部から、足下までゆっくりと時間を掛けて身体の緊張がどのようなのか、身体を少し動かしながら確認する。足

下まで至ったら、今度は頭頂部に向けて緊張部位を確認
する。

4° 両足を平行にして肩幅くらいに足の外側が位置するよう
な間隔で立つ。つま先の位置は揃える。足を「八の字」や
「逆八の字」にしない。

5° お尻を真下へ降ろす。足首、膝、股関節の3点部位を弛め
る。

6° お尻をゆっくりと真下へ降ろす。上体はまっすぐ立てた
まま、重心を真ん中にするようにお尻を降ろす。

7° お尻を降ろすことと合わせて、膝を前に突き出していく。
お尻を降ろそうとすると、途中で降ろしにくい感じが出
てきたら、降ろすことを止めて一旦待つ。上半身が両足
に乗っている感じを味わいながら、3点部位の力を抜こう
とする。

　全身ではなく、一部の緊張と弛緩を行って自体をコントロールす
る。

8° 足首、膝、股関節の3点の力を抜きながらお尻を降ろす。
お尻が後方に出過ぎて不自然な姿勢になっていないか確
認する。上体が左右に傾いていたら、真ん中に重心を戻
して姿勢を左右均等にする。膝を前に出しているか確認
する。上体が後傾していないか確認し、後傾していたら
真ん中に重心を戻してからお尻を降ろす。自体に注意を
向けて弛緩させる。

9° 緊張部位（特に足首、膝、股関節）に気づいたら、お尻を
降ろす動作を止め、緊張が緩んだら、再び動かす。力が
抜けた感じが出たら、再び真下にお尻を降ろす。もしか
して力が抜けたか分からなかった場合でも、動かさず待
つ。足裏に感じる身体の重みにも注目する。

10° 6°から9°を数回繰り返す。

11° お尻がこれ以上、降ろせないという感じが出てきたら、
動かすことを止める。少し待ってもう一度お尻を降ろそ
うとしてみる。お尻が降ろせれば、降ろす。これ以上お

尻を降ろせなくなったら、少し待って身体に注目した後、膝をゆっくりと伸ばす。膝を伸ばすときに足裏に感じる踏みしめる感じにも注目する。肩自体をコントロールしながら、自体の変化に注目してもらう。

12° 6°から11°を1セットとして2、3回繰り返す。

13° 上体と脚足に注目しながら左右の身体感覚のバランスをはかって7°から13°までの手順を同様に行う。

14° 自己に随時状況を次のように尋ねる。「お尻を降ろすときにどんな気分なのか」「膝を伸ばして、行くときに足裏に注目するとどんな感じがするのか？」「まっすぐに膝を伸ばす途中はどんな感じなのか」「再びまっすぐに立った後の気分はどうか？」自己の体験を推測し把握する。

15° 随時効果測定の質問をして、効果発現を診て、実施が妥当か、効果が発現したので打ち切るなどの判断をする。すなわち、(a) スケーリング・クエスチョンの値が減る（8から3以下など）。(b) ボディスキャンをして最初に比べて緊張した部位が弛められたと感じたり「こころ」と「からだ」に関して受け止め方が変わることは重要な指標となる。

★フローチャート実施上のポイント

A) あまり長く取り組まない。

B) 自分の「からだ」を動かしているという感じを味わいながらお尻を落とす。

C) 沢山お尻を動かすことが目的ではなく、結果的にお尻が落ちていくという心つもりで取り組む。

D) 重心を真ん中において両足に均等な力が乗るようにする。腕に力を入れ過ぎたりしていないか気配りをして、姿勢を適切に保つように心掛ける。足裏が着地面となり、下半身が「台座」のように身体を支えて、上半身を台座に乗せる感じで、上体まっすぐに伸ばして立つことを心掛

ける。

E) 実施の区切りがいいところで「今の気持ち」について
スケーリング・クエスチョンを行って、変化を把握す
る。一定の効果が出たところで、反対側の腕に課題を移
す。なお最初の腕に5分以上（目安）取り組んでもスケー
リングの値が落ちないとか想起の仕方に変化が生じない
といった効果が出ない場合は、後で疲労感を感じる可能
性があり、かつ他のアプローチが適切な場合があるので、
動作法での実施を打ち切る。

F) 身体部位の痛みや不調を感じる場合がある。その場合は、
訴えのあった部位をゆっくり動かして弛める。訴えが出
た痛みが軽減したら、再び本課題に戻って取り組む。

長谷川　今度は「立位姿勢での膝前出し・膝伸ばし」という課
題です。これは、成瀬先生が監修された「目で見る動作法
[初級編]」に載っている動作課題の呼称です。私は、かつて
「3点曲げ」と呼んでいました。

「立位姿勢での膝前出し・膝伸ばし」では、足の付け根、膝、
足首の3点を曲げるということをします。スクワットに似
ています。実際にはお尻を下に落としていきます。お尻を
引いたりせず、前に倒れすぎないようする。お尻を下に降
ろしていくと足の裏に重みがかかってくる。そのやり方を
しながら、できる限りお尻を落とす。沢山お尻を落とすの
ではないのです。できる限りお尻を降ろした後、少し待っ
て足裏の感じを味わう。少しだけ味わった後は、ゆっくり
と膝を伸ばしていく。その時に足の裏で地面をぐーっと踏
む。膝を伸ばして立ったときの感じ方を味わうというか感
じ方の違いに注目してもらう。

　膝を前に出すつもりでお尻を降ろす。お尻を引かないこ
と、前にお腹が出すぎないように。極力お尻を真下に降ろ
していく。伸ばしたときにすくっと伸びる。足の裏で身体
をぐーっと踏んで体を起こしていく。臨床動作法はプロセ

スを大事にするのでゆっくりとお尻を降ろしていって、これ以上お尻が降りないという所までいったら、今度はゆっくりと体を伸ばす。長くやると身体が疲れますし時に膝などを痛めますのであまり長くやらないでほどほどのところで終わります。

　岡本先生が被験者をなさるというので少し緊張しています。

　足は平行で肩幅くらいにして立って下さい【⇒フローチャート4°】。足の幅を平行にして立つのが動作法立位姿勢での基本姿勢です。左右均等に載っていることを確認して下さい。（被験者基本姿勢を取る）ここからゆっくりとお尻を落として下さい【⇒フローチャート5°〜9°】。沢山ではなくゆっくりです。（被験者お尻を少しずつ落としていき止まる）そうですね。どうですか？　（ここで動きが止まる）はい……。両足が均等に乗っているかどうかを確認して下さい。（膝を曲げた状態で左右に乗るように調整する）ここからゆっくりと膝を伸ばしてみましょう。身体を伸ばしましょう。（膝を伸ばして立ち上がる）そうですね。【⇒フローチャート10°】

　今度は、一人で今のことをやってみて下さい。どうぞ。（両足に均等に載っていることを確認した後に、お尻を落とし始める。お尻を落とした後、今度は膝を伸ばしてすくっと立ち上がってくる）

　どんな感じですか？　（自分の存在感を感じました。）そうですか。これは存在感を感じやすい動作課題として設定していましたので、まさにその体験なさった通りです。今、ここに居る感じとか……そういった所がセルフケアになってくる。もう一回お願いします。

　（お尻を落として、ドスンと乗るよう身体を確認するよ

うな動き。その後に膝を伸ばして左右に乗るのが僅かにぶ
れながら膝を伸ばして上体を元に戻す）

　今度はどうでしたか？　スケーリングで評価するとし
たら否定的な上体を10点として最初は何点ですか？【⇒
フローチャート15°】

岡本（被験者2）　7.5です。

長谷川　今は何点ですか？

岡本　5.8くらい。

長谷川　長くなると疲れが出ますので、ここまでで打ち切り
たいです。

岡本　はい。ずいぶん違う感じがします。

長谷川　ありがとうございます。多分、5分もやっていませ
ん。今回の実演では、先にスケーリングをすることを忘れ
てしまったのですが、最初にどんな気分で何点くらいなの
か、そしてやった後に何点になったのかを評価して下さい。

　（被験者に向けて）存在感が出やすい課題で、ぴったり
と言われて驚きました（被験者の装着機器を外しながら
ちょっとプラスの気持ちになるね）。そうなんです。

　では、生理的測定の解説をお願いします。

★被験者2の生理的解説

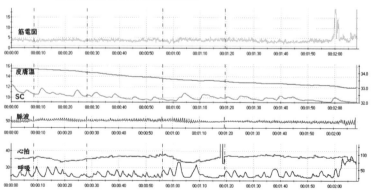

図11-2　動作法 立位膝出膝伸の生理測定グラフ

小林　グラフは、立位姿勢の膝前出し動作中の生理反応です。筋電図、皮膚温、SC、心拍、呼吸反応を計測していますが、今回は短いフェーズ（約2分間）の訓練という事もあってか、明確な生理反応の変化は見られませんでした。全体的に生理反応は安定しています。

★参加者との質疑・コメント

長谷川　皆さん、「取り組んでみて、こんなことがあった」とか、ご参加の皆様から感想でもいいのですが、何かいただけないでしょうか。

Q　腕を挙げる動作課題をしたとき、緊張とか弛緩とかという表現とは違うのですけれど、下げていくときに手に血流が流れるのを感じることがありました。それが弛緩というのかわからないのですけれど、そういう血流がジワッと指先のほうに流れていくのを感じたということがありました。

長谷川　血流が行きわたるような感じがあったとのこと、血流かどうかは、私もちょっとわからないですが、「そういう感じ方があった」というのは、すごく興味深い感想です。ありがとうございます。

I　自宅で素足でいるのですけれど、立位姿勢で膝前出し・膝伸ばしをやるとグラウンディングというのですかね、大地につながるような感じ、そういう感覚を覚えました。

長谷川：グラウンディングは、足でしっかり踏みしめる感じというのが、そういう感覚と似ているかもしれませんね、ありがとうございます。

G　腕を上げたとき、何も意識しないで上げたときは軽く上げたのですが、ゆっくりと上げているとき重く感じて、「上げているな」という気持ちがよくわかりました。

長谷川　重く感じるというのは、リラックスすると重く感じることがありますね。

G そうです、3回目のときは、もっとリラックスして、でも意識してやったときは、もっとリラックスして上げているという感覚が強かった。（ありがとうございます）

Z 最初、腕挙げをするときに、運動不足からなのか、かなりつらくて、「緊張を感じたら弱めてまた上げよう」と思いつつ、ずっと維持するだけでクルクル回すような状態だったのですが、何回かやるうちに、すごい楽になってきたり、可動域が広がったような感じがあって、先ほど他の方もおっしゃっていたように、腕を降ろすときに、本当に血流が下へ下へと巡っているなという感じで、掌がポカポカするような感じはありました。やっていて、「自分の身体の中を知っておける、モニターするって、こういう感じなのかな」と、すごく丁寧に身体の感覚を味わったような気がしました。（日ごろやらないことをやってみる中に気づきがあったということかもしれません）

X 私も腕挙げの際に、腕挙げは3、4回してみたのですけれど、1回目と2回目のときに緊張感というか、腕を挙げている際に痛みのほうが強くて、私も運動不足かもしれないのですが、緊張感というより、どちらかというと「痛い、痛い」という感覚が強くて、「弛緩しないと、弛緩しないと」と思っても、なかなか力が抜けなかったのですが、この感覚というのはOKですか。

長谷川 OKです。今の体験様式を聞いて、すごく興味深くて、「頑張れば頑張るほど、返ってできなくなる」という、そういう体験様式ですよね。だから、多分、何かに取り組むときに、やろうとすればするほど、できなくなる感覚というのが、日ごろあるものに近いような状態を得られて、心理療法としては、それが乗り越えられるような経験となったかもしれません。「自分の思いとは別の、空回りしてしまう、焦る自分があって、それを乗り越える」とかね、そういうようなセフルケアにつながってくる可能性があったかもしれません。

N　立位姿勢で膝前出し・膝伸ばしをしたときに、「足がプル
　プルするな」と思って、足に力が入った、そういうふうなこ
　とを考えながら、意識を集中しているのですけれど、「立
　位を保つのに、足に力が入っているな」とか、そんなことを
　思いながらやっておりました。

長谷川　立位を保つというのも、結構バランスを整えながら
　取り組むという、全体をチェックしながら行わなければ
　いけないので、簡単なようで結構大変な、難しい課題をサ
　ラッと提示しているのですね、この立位姿勢での立位膝前
　出し・膝伸ばしというのは、スクワットのようで一見簡単
　な課題に見えるのですけれど、腰の状態、付け根の状態、身
　体全体のバランスをとったり、いくつかのことを同時にや
　ることを求めているので、簡単なようで、かなり負荷をか
　けている課題です、筋力も使いますしね。ですので、実のと
　ころ私もさっき教示したときに足の小指がつったのです、
　「長くしないほうがいい」というのも、もっともですけれど、
　いくつか、自分をチェックするということを、この課題は
　求めていて、そのあとに、「こういう感じ」というのは、足
　を踏むときに感じる課題になります。いくつかの課題をや
　り遂げたあとに達成感が出る、そういう感じ方が出るよう
　な課題という構成になっていると思います。

　　動作法のセルフケアに取り組む上でいくつか文献を紹
　介します。成瀬悟策先生が監修された「はかた動作法研究
　会（編）」による 2013 年に刊行された「目で見る動作法 [初
　級編]」という書籍があります。ペアでやる形になっている
　のですが、実演 DVD があり動作法の手順がわかりやすく
　書いてあって写真と合わせて動画で学べます。もし自学自
　習を願われるなら、これを勧めます。現時点で中級編と上
　級編が出るかどうか聞いたことがないのですが、わかりや
　すい書籍です。

　　1995 年に刊行された「臨床動作学基礎」は、臨床動作法の
　用語の定義を示し、「動作学」としてシリーズ化して刊行

された書籍の第 1 巻目です。同じ頃に刊行された講談社ブルーバックスの『姿勢のふしぎ』が入り口としては読みやすいです。あとは成瀬悟策先生が 2014 年に出版された『動作療法の展開：こころとからだの調和と活かし方』が、体系的に纏められた書籍です。私が 2017 年と 2019 年に出版したものもお薦めしたいです（長谷川，2017; 2019）。これで私の担当を終わりたいと思います。

　ありがとうございました。

第Ｖ部

バイオフィードバックの進展

12章

ニューロフィードバック

小林能成
（東洋英和女学院大学准教授）

講義

　今回は、バイオフィードバック法の中でも現在研究・実践が進み、将来幅広い応用が期待されているニューロフィードバックの基本について解説いたします。

　すぐに自分で実践していただくには、機材なども含めて難しい面がありますので、基本的にはこの新しいバイオフィードバック法について、まずは講義の形で中身を理解していただいて、その後、実際の実践のイメージを持っていただけるようにデモンストレーションをご提供します。

★ニューロフィードバックの定義

　ニューロフィードバック（Neurofeedback：NFB）は、基本的には自分自身の脳活動、主に脳波等をリアルタイムでモニターしながら脳活動をセルフコントロールするトレーニングといえます。現在まで学習障害（LD）やADHDなどの発達障害、あ

るいは PTSD、うつ、不安障害などのさまざまな疾患の改善、あるいはストレスマネジメントやリラクセーション法などに対する効果が報告されています。近年急速に研究・実践が広がりを見せている領域ですが、同時にまだ課題も指摘されています。

　ニューロフィードバックはバイオフィードバックの一部と位置づけられていますが、従来のバイオフィードバックとは若干異なる側面を持っています。今回は、このようなニューロフィードバック法の基本的な概要について、レクチャーと実際の訓練のデモンストレーションを通して理解を深めていただければと思います。

　さらに、今回のワークショップのテーマでもあります「セルフケア」、あるいは「セフルコントロール」に関して、「自らの脳活動を直接調整する」ということが、セルフコントロール、セルフケアに関してどういった意味を持つのか、ということについても、少し考察し、ディスカッションなどができればと考えております。

★ニューロフィードバック研究の背景

　バイオフィードバック法の概説は13章のとおりですが、その上で、ニューロフィードバックというのは一体何でどこが異なるのかについて、少し説明をしていきたいと思います。

　ニューロフィードバックは、一般に脳波を用いたバイオフィードバック法ということができます。ただし、近年は脳の測定技術の進歩にともなって、脳活動は脳波だけではなく、fMRI（機能的磁気共鳴画像）、NIRS（近赤外分光計測）などをフィードバックすることも可能になってきています。したがって「脳機能の測定を用いたバイオフィードバック」という形で、広く脳神経活動のバイオフィードバックを指してニューロフィードバックという言葉が総称のように使用されるようになってきています。

ただし、一般的にはやはり脳波のバイオフィードバック、脳波を用いたものが中心です。

　ニューロフィードバックは、自身の脳波をリアルタイムでモニターしながら、脳波（脳活動）をセルフコントロールするトレーニングです。ですからバイオフィードバックの一種ですが、フィードバックの対象が身体反応ではなくて脳の活動だということが特徴です。後に詳しく述べますが、初期の脳波のバイオフィードバック研究では、α波を出す訓練が構想され「α波バイオフィードバック訓練」というのが多く行われていました。研究の背景にはその流れがありますが、ニューロフィードバックはそこから独自の発展を遂げながら現在に至っています。

　ニューロフィードバックの特徴の一つには、その適応範囲の広さも挙げられます。学習障害（LD）、注意欠陥多動症（ADHD）などの発達障害、あるいはPTSD、うつ病、不安障害、その他、さまざまな障害や疾患に対して適用され、その効果が報告されています。その他、一般的なストレスマネジメント、あるいは深いリラクセーション、心理的依存（アディクション）への対処など、広くその効果が報告されてきています。

　このように研究・実践が広がりを見せている一方、課題も指摘されています。それは、まだ効果のエビデンスが少ない、あるいは技法が非常に多岐にわたり統一されていない、といった点が挙げられます。

★ニューロフィードバックとバイオフィードバックの違い

　ニューロフィードバックはバイオフィードバック技法の1つと考えられてはいるものの、従来のバイオフィードバック法とは異なる側面を持っています。バイオフィードバックは基本的に、（ⅰ）ある目的をもって特定の生体反応に対して、（ⅱ）通常では意識・コントロールできないものを、（ⅲ）意識的にコントロールする、というところがポイントになるので

すが、現在のニューロフィードバックでは、必ずしも目的に対して意識的にそれをコントロールしようとしない、というところが一番大きく異なる点といえるかもしれません。つまり、何かを変えてやろうとか、自分の脳の活動をこういうふうにしてやろうと目的を意識して努力をするわけではなく、脳のほうが自律的にある目的の状態に自然に変化していくということを目指しているといえるかもしれません。

　ここまでをまとめると以下のようになります。

　バイオフィードバックは、意識できない情報を意識できる形に変換して、意識的に制御する技法です。それに対して、ニューロフィードバックは脳から得られた情報を、意識ではなく、脳機能そのものにフィードバックし、脳に自律的にある種の反応パターンを学習させる技法といえるということです。図式的には、基本的にはバイオフィードバックと一緒で、「測定して、それを処理してフィードバックをしていく」という形になります。ただし特徴的なのは、多くのニューロフィードバックの場合、フィードバックされるものが、例えば、何か映像や、ゲームのような形式のもので、訓練者はあたかもその映像をずっと見ていたり、あるいはゲームの進行を楽しんでいるだけで、特段に「自分の反応を、こういう方向に持っていこう」という努力をしているわけではないという点です。ゲームを進めて楽しんでいくようなことをしていくうちにいつの間にかフィードバック訓練となっていて、その結果、自分の脳活動が適切なもの、あるいは目的のものに変わっていくということです。そこが従来のバイオフィードバックと大きく異なる点かもしれません。

　比較すると、従来の自覚的意識を使ったバイオフィードバック訓練とは少し異なっています。従来のバイオフィードバック訓練における、1つの重要なポイントとして、「気づき」という事が挙げられており、今まで気づかなかった自分の内的な状態に気づくようになり、それを使いながら自分自身で自分の体をコントロールしていくというものでした。それに対し

てニューロフィードバックでは、特に「気づき」「意識」「目的」という過程があまり重要視されないといえます。

　この違いについては、次のように考えることができるでしょう。身体の反応のコントロールというのは、基本的に脳が指令を出しています。例えば、心拍数にしろ、体温にしろ、脳から何らかの指令が出て、主に自律神経系などを介して、身体をある状態に持っていこうとします。自律神経が介在しているため、通常自分の意思で「心拍を速くしよう」「状態をコントロールしよう」ということはできません。ただし基本的には脳が何らかの状況を認識して、その対応として身体に指令を出しているのですから、そこの部分である種目的を持って、バイオフィードバックを利用しながら、「意図的にどんなふうにすると、身体がどうなるのか」というところを学んでいくわけです。

　ですから、多くの場合、「方略（ストラテジー）」という要素が訓練に入って来ます。例えば、リラックスすれば交感神経の緊張が解け、副交感神経の活動が上がり、それに伴って末梢の皮膚温が上昇するとすれば、皮膚温を上げようとしたときに、「自分の意識としては、リラックスをする方向の状態になればいいのかな」ということで努力をして、実際に皮膚温が上がっていくと「ああ、この状態で、自分はうまくリラックスできているんだな」と学習が出来たりするわけです。このように身体反応をコントロールしていきながらも、ある種、自分の心理状態なども自分で意識的にコントロールするようなところがあります。

　ニューロフィードバックは、「意識的にこれこれの状態になると、脳の活動がこう変わるから、それをコントロールしよう」ということではなくて、「脳の神経活動自体を、ある特定の状態に持っていく」というのが目的になっていて、脳のある場所の、ある活動が、目的（目標）の状態になったときに、ある種の報酬（フィードバック）が出る。その状態を繰り返すことによって、別に「意識がどう」ではなくて、「脳の方が直接、

ある目指す状態にだんだん変わっていく」というようなプロセスといえるかもしれません。

このような、現在行なわれているニューロフィードバック法の理解のためにも、このような方法が発展確立してきたこれまでの研究の過程について、少し歴史的な説明をしたいと思います。

★ EEG バイオフィードバックと、ニューロフィードバック研究の展開

「EEG バイオフィードバック」すなわち脳波のバイオフィードバックと、ニューロフィードバック研究というように、ここであえて2つ分けたのは、従来の脳波のバイオフィードバクと、ニューロフィードバックが方法論的に少し異なるためで、それらがどのように研究として展開してきたか、説明していきます。

「脳波をコントロールするバイオフィードバック」というのは、バイオフィードバック研究が始まった初期のころから報告されていました。日系二世の Joe Kamiya は脳波、特に α 波を意図的にコントロールする研究で知られています。彼は脳の活動を測定しながら、その人がある種の精神状態のとき、例えばリラックスしているときや非常に意識が集中しているとき、あるいは瞑想状態のときなどに、α 波と呼ばれる周波数の波形が顕著に見られるということを発見しました。そしてそこから、特定の意識状態とある脳波の活動というものが関係しているということを明らかにし、さらには、訓練を続けると、本人が「今自分は α 波が出ている」ということの弁別も可能になってくるという研究結果を報告したのです。そして、さらに弁別ができるのであれば自分の意思で α 波を作り出すことができるのではないかという発想に至ります。ここで脳波のバイオフィードバックという方法が用いられ、「トレーニングを積むと自分の意思で随意的に脳波を α 波の状態にするバイオフィードバック訓練が可能である」ことを示したの

です。

　これによって、一時期（1970年代〜）脳波のコントロール、脳波のバイオフィードバックというのが非常に普及し、一般にも流行しました。「α波を出すと、非常にリラックスできる」ということで、特に欧米では「修行ではなく脳波のバイオフィードバックで、東洋的な禅や瞑想の意識状態ができる」といった捉え方もされました。さらには一部民間では「α波が出ると記憶力が上がる、勉強の成果も上がる」といったように、何でもα波が出ればよくなるといった形に広がり、これが当時の民生機の新製品開発などと結びついて、あまり精度の良くない器械が多量に世の中に出ることになり、それを使ったα波トレーニングのようなものが流行りました。脳波のバイオフィードバック自体はいい加減なものではないのですが、そういった流行の中で、非常にいい加減な装置や手法が巷に広がった結果、「脳波バイオフィードバックというのは、どうも怪しげないい加減なものだ」という評判が起こるに至り、その結果ブームが去り、α波バイオフィードバックのマイナスのイメージだけが残るといった状況になってしまったのです。1960年代後半から1970年代にかけて、そのような流れで、脳波のバイオフィードバックは研究の部分でも一時期衰退することになります。

　そのような中で、Kamiyaが行ったような、リラックスやある種の瞑想状態、集中状態といったいわゆる意識状態と関係するようなEEGバイオフィードバック、つまり「意識できる状態と、脳波の状態を関連づけて、そういう意識状態をつくる」というバイオフィードバックとは、全く異なった観点から「脳波のコントロールを、ある種の臨床的な症状改善に応用できる」という研究が報告されたのです。それがStermanらによる「てんかん」発作への適用研究でした。脳波の感覚運動律動（SMR: Sensori-motor rhythm）という波形をコントロールすることによって、てんかんを抑えられるということが報告されたのです。この1960年代の研究は、当初別の目的の研究の中で

偶然発見されたものでした。そもそもSMR（感覚運動律動）というのは、脳の感覚運動皮質から記録される12〜16Hzくらい、α波帯域よりも少し速く、β波帯域より少し遅いあたりの脳波活動なのですが、この脳波活動がいわゆる運動抑制、さらに言うと、「発作、痙攣に対して抑制に働くような効果がある」ということがわかってきたのです。そこで「自分でSMRの脳波を出すことができるようになれば、いわゆるてんかん発作などを、自分で抑えることができるのではないか」という仮説のもと、SMR増強訓練を目的とした脳波のバイオフィードバックの研究が盛んになりました。

　これは先ほどのKamiyaなどの脳波のコントロールとは性質を異にするものです。SMRが生じる状態は、特に意識されるものではなく、その脳波活動を増強しても、何か意識が変わるということには直接つながりません。ただしその脳の活動が、変化することによって、ここでいう発作などに対する運動抑制などの効果があるということであり、これが現在のニューロフィードバックの方法論の出発点となっているといえるかもしれません。

　その後、1980年代に入ると、現在のニューロフィードバック訓練の原型となった研究が出てきます。これが発達障害への適用研究で、特に最初は「ADHD児に対して脳波訓練は効果がある」という研究でした。この研究の出発点は、先のてんかん発作に対するSMR訓練とも関連があり、「運動抑制がSMR訓練で有効であるならば、てんかんだけではなく、多動の症状にも効果があるのではないか」というものでした。そのような発想から研究を進める中で、ADHDや他の発達障害の子どもたちの脳波の活動を調べてみると、ある特徴が明らかになってきます。例えば、通常健常児では何か課題を遂行しているときには、脳から「脳が活動している」というβ波が優位にみられるのですが、ADHD児では、脳が活動しなければいけないときに、脳活動ではβ波があまり出現せず、その代わりにもう少し覚醒度の低いθ（シータ）波が脳から測定さ

れる傾向があるということがわかって来たのです。この脳活動の特徴的な違いから、もしもバイオフィードバックでこのような脳の活動状態を通常の状態にコントロール出来れば、症状が改善されるのではないかという着想が生まれ、発達障害児に対する脳波バイオフィードバック訓練が試みられるようになるのです。この中心となったのがLubarらの研究で、彼らが用いた発達障害児への脳波訓練の概要について、以下説明していきますが、おそらく彼らの考え方と訓練の方法論が、現在のニューロフィードバックの基本形になったと考えられます。

　彼らの訓練の目的は「ADHD児に認められた、脳波活動の低覚醒状態をEEGバイオフィードバックで変化させることで症状の改善を目指す」というものです。これによって、それまでリタリン等の薬物療法に頼ることが多かったADHD児の治療が、薬物なしで、バイオフィードバックのような方法で自分で改善できるのです。そのプロトコルは、対象児が自分の脳波活動をモニターしながら自分で脳波を良い状態に持っていくというものでした。先に述べたように、ADHD児は、健常児に比べて、集中しなければいけないような課題遂行事態において、通常出現するβ波の脳波活動が見られず、脳の活動状態が下がっているθ波が出現する傾向があります。これをバイオフィードバックによって、β波の活動を増加させ、θ波活動を減少させるように、自分で学習して、脳の活動状態を変えることによって、症状の改善を目指すのです。

　結果的に言うと、実際そのようなトレーニングは可能で、「脳波がコントロールができるようになると、症状の改善も見られる」ということが報告されました。ADHDやLDなどの発達障害児に関する脳波コントロールの成果に関しては、かなり大規模で、しっかりとした統制が取れた研究報告などにより実証されるところに至りました。

　これはLubarらの訓練プロトコルによる古典的な訓練システムの例です。子どもの頭頂部あたりから脳波を測定

ニューロフィードバック研究の背景

EEGバイオフィードバックとニューロフィードバック研究の展開

・発達障害児への脳波訓練
⇒ADHD児に認められた脳波の低覚醒状態をEEGのBFIにより変化させることで症状の改善を目指す。

ADHDの治療として、薬物に頼ることなく、自分の脳波活動をモニタリングしながら、自ら脳波をコントロールすることを目指すもの。
←ADHD児は健常児に比べて課題活動時などにβ波が少なくθ波が多くみられるということが報告。
・訓練はこれらの児童の活動中に見られる脳波のθ波成分を減少させ、通常見られるβ波成分を増強するセルフコントロールを獲得させるもの。

し、その結果がコンピュータ上に表示されています。

ディスプレイは、脳波モニター用とフィードバック用に分かれています。脳波モニター用のディスプレイには、脳波の生波形（いわゆる背景脳波）と、この生の脳波の波形にフィルターをかけて13Hz以上の周波数帯域のβ波の成分だけを取り出した波形、またもっと低い周波数帯域のθ波成分を取り出した波形など、それらをリアルタイムで表示しています。β波を増強してθ波を減少させたい場合には、それぞれフィルターを通したβ波成分の量（振幅・電圧値など）をなるべく高めるようにし、抑えたいθ波成分の量（振幅・電圧値など）を下げるようにします。またこの訓練では、多動傾向の抑制という目的から、筋電位の値も測定して一定値以下に保つことも訓練の目的（条件）の1つにします。

「β波を基準値以上、θ波を基準値以下、筋電活動も一定値以下になっている」という状態が同時にそろったときに、それが適切な状態ということで1回報酬を与えます。報酬と言っても、1カウントとカウントするだけです。脳波は瞬時に変化していきますので、一瞬だけその状態が生じたとしてもよくわからないので、ある一定の期間、たとえば数秒間の間にその状態が続くと、1回報酬が与えられる仕組みにします。

脳波モニターディスプレイの中段に表示されている連続の縦線が上記の適切な条件を満たした状態の発生を示すもの（カウント）でこれが一定間隔連続した時により長い縦線が表示されています。このタイミングが「報酬」のフィードバックのタイミングとなり、数値のカウンターが増えたり、ゲームが進行したりする形式で訓練者にフィードバックされます。真ん中と右側のディスプレイは、訓練者へのフィードバック用のモニターです。図の中央のモニターには、先の3条件（筋電位、θ波、β波）のリアルタイムの変化がバー表示で示されています。それぞれ筋電、θ波、β波がバーの形で示されていてそれらのバーが変動するわけですが、それぞれに「この基準よりも筋電が下がる」「この基準よりもθ波が下がる」「この基

準よりもβ波が上がる」というスレッショルド（閾値）が決められて示されており、それらがクリアされたときに報酬が与えられるようになっています。フィードバックをたよりに3つの条件をクリアする状態を目指します。最初は達成容易なところに閾値を設定しておいて、上達するにしたがって閾値の難度を上げながら、最終的にはかなり高いレベルでコントロールできるようにしていく方法をとっていきます。

　右側のモニターはゲーム形式のフィードバックになっています。3つのバーを見ながら同時にコントロールするというのはなかなか難しいので、先に示した3条件が一定間隔連続すると1回「報酬」がフィードバックされ、例えば、ゲームの形で「パックマン」が1つ進む、あるいはパズルが1つ完成に近づく、あるいは映像が再生されていく、動画のゲームが前に進むとか、そういった形でフィードバックされます。「詳細なことはわからないけれど、うまくできているらしい」ということを感覚的にフィードバックする形で行うのです。当時は子どもが訓練者であることが多く、子どもにわかりやすい形、あるいはモチベーションを上げる形でゲームのようなものが導入されたのが始まりだったと思われます。ただこの方法が、その後子どもの対象に関わらず、直接何かをコントロールするということではなくて、「結果的に何か良いことが起こることを体験させながら、自然に脳の状態を調整していく」という現在のニューロフィードバックの方法へと発展、定着していったものと考えられます。

★ニューロフィードバックという名称が意味するもの

　ただし、当初はまだ、「EEGバイオフィードバック」「脳波のバイオフィードバック」という言い方もしていました。このようなやりかたが確立するころから、「ニューロフィードバック」という言葉が使用されるようになってきます。

　ニューロフィードバックという用語が使われるようになっ

た背景として、私の理解では、2つの要素があったのではない
かと思います。1つは、先ほど話したように、「EEGバイオフィー
ドバック」「脳波のバイオフィードバック」のイメージが1度
悪くなってしまったことにより、以前のいわゆる「α波バイ
オフィードバック」ではない新しい方法として、新たに「ニュー
ロフィードバック」という言葉を使ってこれを広めていこう
としたのではないかということです。

　もう1つは、本質的に脳波のバイオフィードバックとは目
的や方法が違うことをアピールしようとしたのではないかと
いうことです。自覚的に本人が、「こういう状態をつくろう」
と思って訓練するのではなく、本人の自覚外のところで直接
脳の状態をコントロールする。フィードバックを見ていま
すから、多少は意識的努力が入るかも知れませんが、脳が自
動的に直接調整するという側面が圧倒的に強いので、新たに
「ニューロフィードバック」「神経活動のフィードバック」と
いう言い方を用いて行ったのではないでしょうか。

　このような研究の歴史的背景を踏まえた上で、ここからは、
具体的にニューロフィードバック法の応用について、簡単に
見ていきたいと思います。

★ニューロフィードバックの基本的な考え方

　ニューロフィードバック法の考え方は、再定義になるかも
しれませんが、基本は「脳から得られる何らかの情報について、
より好ましい方向性を明確にフィードバックするもの」です。
脳から得られる情報として、もっとも一般的なものが脳波で
すが、脳波以外の脳機能測定でももちろん、フィードバック
の対象として問題ありません。例えば、fMRIの様なかなり正
確に脳機能を測れるようなものの情報をフィードバックでき
れば、より細かな脳の状態のコントロール、調整が可能にな
ることにもつながります。

　脳の活動状態の「より好ましい方向性」というのは、例えば、

「脳のある部位のある活動が下がっているから、それをもう少し高い状態にするとよいのではないか」ということで、それに関して「では、その良い状態ができたらそのときに何らかの情報をフィードバックする。しかもそれが報酬となるような形で、脳の中に自動的にその状態が続くことが残る形のトレーニングをしていく」ということです。

　このような脳波トレーニングの方法について、幾つかのの基本概念を確認しておきましょう。

　先ほどからすでにα波、θ波、β波といった名前が出ていますが、脳波は一般的に活動状態に関連して、いくつかに分類されています。例えば、大きな緩やかな波であるδ波（デルタ波）、これは睡眠とか、脳の活動が落ちている状態の時のものです。もう少し活動状態が上がった、いわゆるボーっとしている状態で見られるθ波、それから、さらに覚醒レベルが上がった、一般的にリラックスしているとき、あるいは注意が非常に集中している状態、瞑想状態のときに出現するとされのがα波です。通常8-13Hzの規則的なサイン波として現れます。前出のSMRは少し特殊な活動で、感覚運動リズムといわれ12—15Hzの周波数帯域の脳波で、身体的運動（弛緩）などに関わっていると言われています。

　一般的に我々がものを考えたり、課題を遂行しているとき、——まさに脳が一生懸命活動している状態や何かに集中しているとき、ものを考えている、緊張している、覚醒状態が高いというときなど——にみられる14Hz以上の不規則な早い波形として現れるのがβ波です。β波の中でも、周波数帯域の高低によって、高いβ、低いβ、などと区分することもあります。さらには、β波より速いγ波（ガンマ波）などというものも区別されています。

　訓練においては、これらの脳波成分に対して、「本来だったらβ波が出なければいけない脳活動だが、あまり出ていなくて、θ波が優勢になっている」といった症状の場合、「θ波の成分をもっと抑えて、β波がもっと出るような状態にコントロー

ルしていく」ということになります。

　脳波活動の評価には、もう1つ重要な点があり、それが測定部位です。脳の機能局在と言いますが、脳はそれぞれの場所（部位）によって、それぞれ特徴的な機能を担っていることがわかっていますので、脳波も、脳のどこの部位の活動を測定するかによって、その意味が異なってきます。一般に測定部位に近いところの脳活動が、その脳波に最も反映されます。そこで、脳のどの場所の活動を訓練のターゲットにするのか、さらには、その部位のどの周波数帯域をターゲットにするのかといったことを特定していくのがニューロフィードバックの訓練実施の基本になってきます。

　測定部位の基準に関しては、脳波測定などをするときに広く適用されている「国際10-20法」という基準があります。頭の大きさは人によって違いますから、どこから何センチといっても、人によって脳の位置が変わってしまう可能性があります。そのためこの基準では、脳の全体（の距離）を、それぞれ10%、20%、20%」という形の比率で分割して、相対的にそれぞれの位置を定めて、各部位に名称をつけています。これによりどの人でも、「その人の脳の中の中心」「前から20%の場所」という形で、脳の位置を特定することができるのです。ニューロフィードバック訓練のプロトコルにおいても、この基準が用いられます。

　生の脳波の波形の中には、さまざまな周波数の波、すなわちいろいろな脳の活動の波が含まれています。ニューロフィードバックのトレーニングでは、例えば、さっき例で出したように、4〜8Hzという周波数帯域の θ 波の活動だけを取り出してくる、あるいは8〜12Hzの α 波だけを取り出してくるといったように、機械的にあるいはソフト的にフィルターをかけた形で、元の脳波から、それぞれの周波数帯域の脳波成分を分離して表示します。例えば、フィルターをかけた θ 波の波形であれば、θ 波が増加するということは、単純に言えばこの波形の振幅が大きく出てくるということであり、弱まるというのは振幅が

小さくなるということです。その振幅の部分を例えば電圧値に変えて、その周波数帯域の強さとしてあらわしていくわけです。

このような測定値を用いて、特定の周波数帯域の活動のレベルを一定の基準値（閾値：スレッショルド）以上あるいは以下にしていく訓練を設定します。フィードバックは条件がクリアされたときに「報酬」として提示されます。この一定の条件がクリアされたときに報酬を与えていくという訓練を繰り返していくことにより、その状態がだんだん自然に出てくるようになります。最初は、基準の数値である閾値を簡単に設定した状態で始めて、訓練により条件をクリアできるようになるにしたがって少しずつ閾値を上げて難しくしていくのです。これは普通のバイオフィードバック法でも用いられるシェイピングという方法です。段階的に徐々に目標を上げていくことにより、最初は困難であった高いレベルの目標値に最終的には到達できるという学習の方法です。このようなプロセスが基本的な訓練プロトコルとなります。

問題は、「脳のどの部位で、どの周波数帯域の活動を、どんなふうに変化させる（上げる／下げる）のか」という設定にあります。その設定によって、例えば、対象となっている症状や病気、訓練の目的や効果が決まってくるということです。

★トレーニングの設定

どの部位で、どのような内容のトレーニングを行うように設定するかに関しては、いくつかの基準があります。1つは、すでにある程度明らかになっている知見にもとづいてプロトコルを決めるという方法です。例えば、発達障害などの場合では、例えば、頭頂部周辺の脳波に関して「β波が出現せず、θ波が優位になっている」という、通常と異なった状態が起こっているということが、明らかになってきているので、「その部位を中心に、その部位のθ波を下げ、β波を上げる」内容

のトレーニングを実施するという訓練プロトコルが設定されます。

　他の場合についても、さきほど述べたように「脳のどこの部位で、どんな活動をしているのか」というのは、現在ある程度の知見がありますので、「恐らく脳のここの部位では、こんな認知的（心的）処理をしている。緊張を下げるのであれば、そこの部位から測定される脳波活動のβ波成分を下げて、α波成分の活動を上げよう」など、類似の所見に基づいてプロトコルをつくっていくということがあります。

　簡単な表現をするならば、例えば、「リラックスを目的とするのであれば、α波を増強する」「集中力、行動抑制の場合はSMRを上げていこう」というように、ある種の目的に沿った形でプロトコルを形成していきます。もちろんその背後には、これまでの実践・症例報告例などももとになっています。

　いずれにしても、大事なのは、そういうプロトコルでやっていこうとしたときにも、「実際の患者さんで脳活動を測定してみて、異常所見が認められるかどうか」ということです。例えば、「この子は発達障害があるので、頭頂からのθ波を下げる訓練をしよう」としても、実際脳波を測定してみて、特にθ波が優位ではなく普通にβ波が出ているという場合、その訓練ではあまり効果がないということになります。他の抑うつやその他の症状に関しても、「恐らくこの部位はそうなっているだろう、だから、その部位の訓練をしよう」と考えて測ってみて、もしそういう異常所見が認められない場合には、その訓練の効果はあまり望めないと考えられます。

　実際、「脳の中で、通常とは違った所見が出ているところに、何らかの機能的な問題があるのだろう、それを通常に戻していく方向の訓練をするのだ」というのが、基本的な考え方になっていると理解した方がよいでしょう。

　難しいのは、以上のように「この障害だから、この疾患だからこのやり方で必ず効く」というわけではなくて、実際に個人差もありますからそれを勘案して「その人がどういう症状

を示しているのか、どういう脳活動の特徴が認められるのか」ということをベースにしながら、訓練を組んでいかなければいけないということで、そこがおそらく、この訓練の現状での難しさの一つであると思われます。

★ QEEG を用いたプロトコル

このようなニューロフィードバック訓練において、現在訓練の実施に際して多く用いられているのが、定量脳波（QEEG）を用いた訓練プロトコルの考え方です。

定量脳波の説明は以下の通りです。さきほど、「国際10-20法という形で、脳のある特定の部位が決められている」と申しました。19カ所くらいの脳波を同時に測って、それぞれ測定される1極1極の場所について、どれくらいの脳活動をしているのか、例えば、「θ波がどれくらい強いのか、α波がどのくらい強いのか、β波がどれくらい強いのか」といった情報を、部位ごとに多くの人で評価してデータベース化し、「標準的に見て、たとえば何ら特別な活動をしていない時の、それぞれの部位における、α波、β波、θ波、などの各活動量の標準値」をつくって、その基準値と当該の患者さんの測定値を比較して「ある部位において、特徴的な脳波活動の異常が認められる」というような所見を明らかにして、それを基にした訓練プロトコルを設定するという方法で、このような方向での研究と実践応用が広がりつつあります。

ただしこのためには、まず標準的なデータベースが必要になってきます。国外では、かなり充実したデータベースも既に存在しており「平均すると、大体こういう活動をしているときには、ここの部位ではこんな脳波の活動状態である」ということがわかってきており、それと比較しながら訓練プロトコルを考えていくということが進められています。まだ日本人のデータベースはできていないため、日本での適用はなかなか難しいところがあります。

このような状況から、治療対象・訓練対象となっている人の現在の脳機能のパターンを評価し、その正常・異常の判断を基に訓練を確実に進めて行くことは、まだなかなか難しいのですが、これまで得られた実践例や症例報告を基に「この症状の場合には、脳活動のどこの部位が、どんな形で異常を示す可能性が高いのか」といった知見を基に、対象者の実際の測定値を考慮しながら訓練プロトコルを設定していくといった手法が有効でしょう。トレーニングを通して脳が自動的にその状態を修正していくという特徴を通じて、その脳波活動の変化に伴って機能や症状も改善されていく、そういうことを目指すトレーニングだと言うことができると思います。

★トレーニングの考え方のいくつか

具体的な実施の方法にはいくつかあります。大きく分けると、まず第一に、ある部位での周波数をトレーニングしていく方法、たとえば θ 波を下げて、β 波を上げる、といった方法で、それぞれの必要な所見すなわち通常状態とのずれが出ている所見の脳波活動を変えていくという訓練です。

それから、少し特殊な方法になりますが、α 波と θ 波の両方の活動を増加させるようなプロトコルもあります。これは「アルファ・シータトレーニング」などと言います。例えば、アディクション（依存症）などへの効果、あるいはPTSDへの効果、あるいは深いリラクセーションをもたらすためのトレーニングなどに用いられています。

さらに近年は、ある部位での脳活動の調節ではなくて、例えば、異なる2カ所の別々の脳領域の関連性を調整していくような、コヒーレンスつまり「脳のどことどこの関連が強いのか」ということを見ていきながらそれを調整していく、脳の中での神経細胞のコミュニケーションのようなものに働きかける、あるいは構築するトレーニングなども行われるようになっています。

そのほか、最近はfMRIを使ったより詳細な脳機能のコントロールや、あるいはNIRSなどを用いた脳機能のコントロールを目的としたニューロフィードバックなどのも実用化されつつあります。

表12-1 ニューロフィードバックの基礎

〈 代表的なニューロフィードバックの方法と適用 〉

・周波数トレーニング
　　最も汎用されている方法。1〜4個の電極を頭部に装着し、周波数やそのパワーを
　　調整する方法。ADHDなどの発達障害などへの適応

・アルファ・シータ（A/T）トレーニング
　　主にα波成分とθ波成分を共に上昇させるプロトコル。
　　アルコール依存、PTSD、深いリラクセイションなどの適応

・コヒーレンストレーニング
　　特定の脳部位での振幅トレーニングに焦点を当てるのではなく、部位間の関係性、コ
　　ミュニケーションをとらえる。異なる脳領域間の接続性を改善

その他、fMRIによるNFBやNIRSによる脳血流のNFBをはじめ様々な技法が開発され、
実践されている。

★ニューロフィードバックの課題

　こういったニューロフィードバックですが、今後に向けて大きな可能性を秘めていると同時に、まだ現時点では多くの課題も残されているといえます。アメリカ、ヨーロッパも含めて、韓国などでも、ニューロフィードバックがかなり広まっていますが、日本では、まだなかなか普及していないのが現状です。

　また、特に日本においてそうですが、国外においても、幾つかの課題があります。

　主な課題の1つは、医学的な治療法として広く認められるまでには至っていない、それに必要な治療効果のエビデンスに、まだ足りない部分があるということです。いろいろな形で効果が報告されていますが、「エビデンスは鍼灸レベルだ。鍼は効果があるけれども、どこまで科学的な根拠があるのかがなかなか言えないのに似ている」という指摘もあります。まず

はエビデンスを重ねていくということが今後必要ではないか
と思われます。

　ただし、それがなかなか難しいという現状があります。な
ぜならば、しっかりと統制された検証が少ないからです。統
制条件などをつくって、はっきりとした治験の方法論にした
がって実際の効果の有無を検証しているのは一部で、例えば、
発達障害への適用の研究はかなりエビデンスが出ていますが、
それ以外の領域では、なかなか進んでいないように思われます。

　もう1つ大きなことは、多くの研究者が、さまざまな研究方
法、いろいろなプロトコルで、訓練を実践しており、統一した
方法でとられていない、という点です。「こういうケースで、
これは効いた」「同じ病気で違う方法で効いた」などまちまち
なところがあり、なかなかその点が難しいところです。ただ、
その背景・根底にあるのは、「精神的な種々の病気は、ある症
状があって、ある種の病名がついているものの、症状・病名が
同じでも原因が同じとは限らない」という点にあるかもしれ
ません。今の精神疾患の基準などを見ると症状によって原因
を分類しようとしていますが、もしかすると、原因はもっと
多様かもしれません。さらに人によって個人差も大きいので、
職人芸のような治療になっている側面もあるのかもしれません。

★ニューロフィードバックの可能性

　まだ、治療根拠が少し弱いところはあるものの、将来に向
けて非常に大きな可能性を秘めていることも確かだと思われ
ます。特に訓練によって、脳機能を非侵襲的に直接調整でき
る可能性があるという点は、今後さまざまな領域において応
用の可能性が広がるのではないでしょうか。さらに、近年目
覚ましく発展してきた脳機能解析の技術、たとえばfMRIなど
は、例えば、「ある課題をやっているとき、あることを考えて
いるとき、ある判断をしているときに、脳のどこが、どのよう
に反応しているのかという事が、かなり同定できる」という

ところまで、技術がきています。fMRIのフィードバックも実践例が報告されて来ていますが、そうなってくると、ニューロフィードバックによって例えば、特定のものに対する恐怖を取り除く、特定の意思決定をする、特定の好き嫌いなどをフィードバックでコントロールしたり、つくり出すということも可能になるかもしれません。極端な話ですが、そういうことまで可能になることも夢ではないかもしれません。

脳波だとまだ漠然としていますけれども、fMRIだとか、技術が進んでいけば、かなり細かな部位に関して自己調節ができます。そうなってくると、例えば、不安とか恐怖、PTSD、心理療法という形でやっているさまざまなものが、もしかすると、特定の設定による脳のコントロールによって、かなりの部分、治療ができてしまうのではないか。それほど近い将来ではないかもしれませんが、そういうことも可能になるかもしれません。まだ研究すべき課題も多く抱えていますが、このように非常に大きな可能性を秘めた技術かもしれないと期待することもできるのではないでしょうか。

実演

小林　いま脳波測定の電極装着の準備をしています。今回は頭頂部、国際10-20法ではCzと呼ばれている部位から脳波を測定してみます。被験者の方は、特に疾患をかかえた患者さんという訳ではありませんので、明確な治療対象となるような脳波の特徴が見られるわけではありませんので、このように訓練が行われるという実演をご覧いただくことが目的です。

提示されているのが、通常の測定用のモニター画面です。

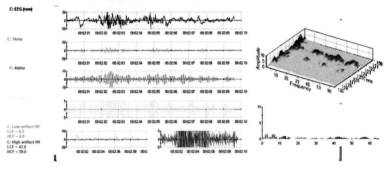

図 12-1　ニューロフィードバック実演　測定画面

　1番上に表示されている波形が、現在リアルタイムで測定
されている未処理の脳波の波形です。その下に、θ波、α波、
β波のそれぞれの周波数帯域にフィルターをかけた脳波の波
形が表示されています。

　画面右側には、周波数分析の処理をして、それぞれ周波数
毎のパワー値の変化を時間経過とともに三次元的なグラフに
表示されています。時間経過とともに、どの周波数にピーク
が出るのか、変化がみて取れます。

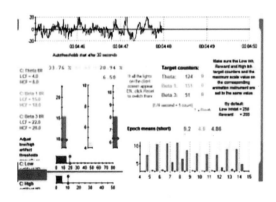

図 12-2　ニューロフィードバック実演　モニタ画面

　この図はフィードバック用のモニタ画面です。画面上部に
生の脳波の波形が表示されます。その下に各ターゲットとな
る周波数帯域の脳波活動のレベルの変化が、縦のバーグラフ

の変化によってリアルタイムで提示されています。それぞれのターゲット帯域ごとに、閾値（スレッショルド）が設定されていて、「閾値より下げる、あるいは上げる」という条件を設定し、その基準となる条件をクリアしていく、というトレーニングになっている訳です。

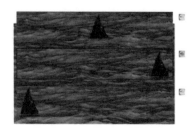

図12-3　ゲーム方式のフィードバック画面

　訓練として1番わかりやすいのがゲーム方式のフィードバックです。次のフィードバック画面には洋上のヨットが出てきています。上、中、下段の3コースがあり、たとえば現在の訓練では、中段のコースのボートをなるべく早く1番最初に右側のゴールに到着するように目標が設定されています。脳波活動の設定条件がそのように指定されています。特別に努力する必要はありませんが、モニター画面を見ながら、「真ん中のボートが早く右のゴールに到達すると良い」ということを目指してトライしてみて下さい。

　それでは少し試してみて下さい。目標は真ん中のボートが1番早くゴールに到達することです。

【実験中】

小林　おつかれさまです。今回は
　　1番上が早かったので、目標は
　　クリアできなかったですね。
　　　やっていて何か意識しまし
　　た？

被験者　何か考えたあとに、赤いヨットが動いたような気が
　しました。

小林　わかりました。もう1回試してみましょうか。次は、も
　う少しボーっと見ているだけで結構ですので、もう1度試
　してみましょう。

【実験中】

小林　今少し音が聞こえたか
　と思いますが、うまく達成
　できると「ピピー」という
　形で音でも知らされます。
　今回は目標達成というこ
　とでしたが、何か、さっき
　と違うところはありまし
　たか。

被験者　1点に集中する感じ、意識を船だけに集中させてみ
　ました。さっきはボート以外の周りの動きだとか「ほかの
　ボート止めようかな」みたいな余計なことを考えてしまっ
　て、赤いヨットが先に動いたんですけれど、今回は中央の
　緑だけみたいな、……集中していました。

小林　とりあえず、基本的にはヨットを見ているだけ。

被験者　はい。

小林　特に何か特別な意識などはしていない。

被験者　余計なことを考えない。

小林　「何をしたらどう」ということは、わからないかもしれ
　ないですね。でも、やっていくうちに、うまくいった感じで
　すね、ありがとうございました。

　　今回は、本格的に何か特別な目的を持って実施していた
　わけではないのですが、このような感じで、ある基準をも
　とに脳の活動状態を一定の目的の方向に変容させていく
　ということが、多少お分かりいただけたでしょうか。単純
　にフィードバックの状態を見ているだけで、特別意識的に

「何かをこうしよう、ああしよう」ということはそんなにしなくても、見ている中で「ああ、動いているな」という状況を確認していく事により、脳の活動のほうが自然にその状態を調整していくといえるかもしれません。

　例えば先ほど説明した発達障害への適用などの場合、多少意図が関わる要素が加わるかもしれません。「β波活動を上げる」といった脳活動の方向は、意識状態と比較的かかわりがありそうですので「何となく、こんなふうにするといいのかな」という感覚ががわかりやすいかもしれないです。一方、もう少し複雑なトレーニングの場合、「何をどうしたらいいのか」ということではなく、「とにかく、その状態でフィードバックを受けている」ということによって「知らないうちに」という言い方が適切かどうかわかりませんが、脳のほうで、だんだん目標としている方向に状態を修正をしていく形になっていくということです。具体的な方法論についてある程度イメージできていただけたでしょうか。ありがとうございました。

★質疑応答

小林　もし、質問等がございましたら、いかがでしょうか。

被験者　自然にθ波になってしまっていたのですが、授業中居眠りしたくなったときにβ波にする方法は、どうしたらいいでしょうか。

小林　β波にするとかいう状況であれば、「意識的に一生懸命考える」ということですが、今回やっているニューロフィードバックというのは、意識的な思考をせず、例えば、飽きてきて脳の活動が下がるとか、そういう状態とは別に、そもそも何らかの疾患、障害、特殊な心理状態、病的状態によって、脳の活動状態が通常とは違うパターンを示している――一過性ではなく定常的にそういう状態になっているものに対して――それを修正していき、脳の機能を修正

していくというものだと思います。

　例えば、「授業中、常に集中できない」、そこに発達障害といった問題の背景があれば、もしかすると、脳活動の異常というか、特徴がそこに認められる可能性がある。もし、そうであれば、それを修正していく、調整していくといったことが本質的な目的になるといえます。

A　老化とは関係ないですか、老化の研究はないのですが。

小林　認知症とか、その辺は多少あるかもしれません。確認してみます。

K　ニューロフィードバックの件ですが、これは、向いている人と向いていない人というのはいらっしゃるんですか。例えば、バイオフィードバックの場合だと、「自分でやらなければいけない」ということで、ひょっとして、そういうものが苦手な方もいらっしゃるのかなと思うんですけれど、ニューロフィードバックだと、自分で意識的にしなくてもいいということなので、自分がガイドする場合に、例えばPTSD を治したいと思っている人であれば、「この人は向いていないのではないか」というような心配もなくできるということでしょうか。

小林　ありがとうございます。「向いている・向いていない」というのはないかもしれません。ただ、「効果が出るか・出ないか」という個人差はあるかもしれません。症状や対象、その人の脳の活動状態、機能状態の特徴によるのかもしれませんが、バイオフィードバックのように、「スキル的にうまくできやすい・できにくい」「自分の内的状態を感じやすい・感じにくい」といった要素は、恐らくあまりかかわってこないのではないかと理解しています。

K　副作用みたいなことはないのでしょうか。

小林　例えば統合失調症の人に対して、あまりリラクセーション、瞑想という状態への変化などは避けたほうがいいといったような、いくつかの禁忌みたいなものは指摘されていますが、訓練に明確に危険性があるということは、今

のところは言われていないと思います。

　この技術がどんどん発達してきて、仮にものすごく効果的になった場合には、自分の意思とは関係なしに、もちろん、それをやるか・やらないかは自分の意思なのでそれでよいのでしょうが、脳の機能状態が本当に自律的にどんどん変わっていってしまう、さらにそれが、ある対象に対する価値観、感情までもコントロールできてしまうということにもしもなるようなことがあれば、微妙な問題が出てきそうな心配はあるかもしれません。現在短期間にそこまでのことはできないと思うのですが、この先技術が発達していって、脳の微妙な反応みたいなものが明確にわかってそれがフィードバックに使えるような技術革新がもし起こってくると、それを使用してそこまでのコントロールをするという、かなり夢のような話ですけど、それは少し怖いような気もしますが、そこまでは私もまだ考えが整理できていないところもあります。

岡本　はい、Ｆさんいかがでしょうか。

Ｆ　ニューロフィードバックができるところは結構限られているのかな、我々一般の人が「何となくやってみたいな」と思ったときに、どの程度アクセス可能なのか、現実的なところでどうなんでしょうか。

小林　日本では、なかなか「すぐやってみよう」というのは難しいかもしれません。実際に、しっかりやられている施設もありますが、まだ広がっていないというのが現状かと思います。

長谷川　ニューロフィードバックの件ですけれど、以前にも登壇されていた飯森先生のところで、実は熱心にやられていらっしゃるので、もし関心がある方がいたら「飯森クリニック」で体験できると思います。

岡本　Ｓさんいかがでしょうか。

Ｓ　ニューロフィードバックに関してですが、薬物療法に対して抵抗を感じている患者さんも多いですし、それらは対

処療法なので、そういった意味で、本当にまだ脳はわかっていないこともたくさんありますし、今すぐにどうこうということはないにしても、将来的に精神医療は大きく変わる可能性があって、患者さんにとっても選択肢が増えていいなと感じました。

岡本　ありがとうございました。Oさん、いかがでしょう。

O　いろいろと参考になるというか、バイオフィードバックに関しても、私は学生時代に教育学部と医学部で基礎研究をやったことがあるので、やはり基礎的な考え方に関しては、小林先生から教えていただいたのを見て、随分基礎的なところを生理学的に押さえておくというのはすごく大事なことだと実感しました。

13章

心拍変動バイオフィードバック

小林能成
(東洋英和女学院大学准教授)

★心拍変動バイオフィードバック訓練のフローチャート

1° 時計などを見ながら、10秒に1度の呼吸訓練をする。
2° それを定期的に (毎日、隔日など) やりながら、10秒より若干短いのが自分に合っているか、若干長いのが合っているかの判断をする。

※原則的に、訓練には心拍が測定可能な機械の使用が望ましい。

講義

　それでは、バイオフィードバック、特に心拍変動バイオフィードバックという方法を用いた自律神経の自己調節、あるいはリラクセーション方法についてお話をしたいと思います。

　「バイオフィードバック法によるセルフケア」として、「呼吸調整による心身の自己調節～心拍変動フィードバックによる自律神経機能の改善」、ちょっと難しそうなタイトルにし

ています。

　バイオフィードバックの簡単な概論に続いて、心拍変動バイオフィードバックをご紹介したいと思います。今回理論的背景も含めて、あるいは日常的にどのように応用できるのかということも含めてご紹介したいと思います。

★バイオフィードバックの概要

　バイオフィードバックは訓練による心身のセフルコントロール法です。さまざまな心身の疾患やストレスマネジメント法として適用されています。今回のワークショップでは、自律神経障害を含む心理的あるいは身体的障害に対して、臨床的に有効であるとして近年注目されている心拍変動バイオフィードバック法（HRVBF）の内容について紹介をしていきます。前半の基礎的な理論についての解説と、後半の実際の訓練デモンストレーション、それら体験を通じてこの方法への理解を深めていきたいと思います。

　事前の配布資料のほうに「参考までに」ということで、実際に参加される皆様のほうで、ご自身の心拍を測定することができると非常にわかりやすいということから、1つの方法として、心拍が簡単に測れる無料のスマートフォンのアプリもご紹介していますので、可能であれば、そのようなものもお手元で使って体験していただければと思います。

　バイオフィードバックは、普段は自分ではコントロールできないような、例えば心拍、血圧、脳波といった反応を、器械の力を借りてリアルタイムに自分の状態を知りながら、それを自分でコントロールする訓練方法です。

　「バイオフィードバック」という単語は、生体フィードバック、生体の情報のフィードバックということから来た造語です。みずからの生体反応、中枢神経（脳）の反応から、末梢系の反応（心拍、血圧、内臓反応、体温、皮膚温など）、これらは通常、自分の意識では制御できないと思われているのですが、それ

をある程度自分で制御するための方法です。

　心身相関といいますが、心と身体はつながっていますので、もちろん、身体のいろいろな病気の治療に応用できると同時に、体を通して、心理面とか意識、精神状態といったものを自分で制御できる可能性を持ったもので、例えばストレスマネジメント、さまざまなリラクセーションなどにも広く使われています。

　このバイオフィードバックの方法は、もともと心理学の基礎系の研究から発展してきたものですが、そこから特にさまざまな臨床場面、日常場面の中に応用されてきています。特にこれを治療として使う方法が、バイオフィードバック療法と言われます。

　バイオフィードバックの一般的定義は、「バイオフィードバック法（BF）とは、通常では人が認知しない不随意な生体反応を機器を用いて検出し、その生理反応の変化を認知しやすい信号に変換して提示する、すなわちフィードバックすることによって、訓練者、患者みずからの生体反応を有効に制御する方法である」となっています。普段、私たちが意識的にはコントロールできないと考えられている身体の自律的な反応を、ある程度自分の意思で制御できるようにする、そういった訓練方法といえます。

　難しそうな話ですが、実は実際におこなうことは非常に単純なことです。

図 13-1　〈バイオフィードバック法とは〉

バイオフィードバック訓練のプロセス

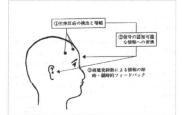

（ⅰ）**計測（検出）**

（ⅱ）**変換**

（ⅲ）**提示**
　　　（フィードバック）

これはバイオフィードバック訓練の概要としてよく示される図です。バイオフィードバック訓練のプロセスには3つの要素があるといわれていて、この要素が整っていれば、さまざまな生体反応のコントロールが可能ではないかと考えられます。

　まず1つ目が「計測」です。いろいろな体の反応について器械を使って生理反応を測定することです。身体反応の測定に関しては、非常に微弱な反応とかいろいろなものがありますが、昨今の医療技術、テクノロジー、パソコンを含めた分析装置の進歩よって、以前では考えられないほど多様な反応が簡単に測定できるようになってきています。

　その生体反応を測定したものは、そのままの形では見てもよくわかりません。例えば、測定された脳波の波形をそのまま出されても、一体どう見てどう解釈すればよいのかよくわからなかったりしますので、その測定したものを何らかのわかりやすい形、例えば数字であるとか、あるいはバーの変化、最近でいえばパソコンの画面に、その変化がわかるような形で「わかりやすい情報」に変換して、それをもう1回自分に戻してくるということをします。それが2つ目の要素です。例えば、視覚的、あるいは聴覚的、いろいろな形で、その変化がわかるように提示します。実際、普通、自分で制御できない自律的な反応というのは、内部のフィードバックループを使って、自分では意識しない体の内部で自動的に制御しています。いわゆるホメオスタシス（生体恒常性維持反応）などによって意識外のところで制御しているのですが、「これを一旦外に出して、わかるような形で自分にフィードバックすることにより、内部のフィードバックループと併行して外部に新しいループをつくって、それによって自分の意思で、ある程度、その反応をコントロールしよう」というのが、理論的な背景になっています。

　意識されることの少ない生理的な反応などを視覚や聴覚などの感覚器を通じて、外的な情報として継時的に、つまりリアルタイムで連続的に情報を出すということが重要になりま

表13-1 バイオフィードバックの訓練方法 1

（1）バイオフィードバック訓練の方法

・意識されることの少ない生理的反応などを、視覚や聴覚などの
感覚器を通じて、外的な情報として継時的に生体にフィードバック
する。それにより、生体内の自律的反応を自らが随意的に制御しよ
うとするもの。

　i ）　生体反応の測定
　ii ）　認知可能な信号に変換しフィードバックする
　iii）　信号の変化を基にコントロールを学習

※媒介の問題

す。遅れて、時々出てきた情報などを見ても、なかなかコント
ロールが難しいですから、リアルタイムで今その状態の反応を、
なるべくわかりやすくフィードバックする、それによって生
体内の自律的な反応、自動的に調整している反応を自分で随
意的、意図的に制御しようとするものです。

　バイオフィードバック訓練をするために必要な要素は、上
述の3つ（測定、フィードバック、対応）ですが、まず生体反応
の測定ができなければいけない、そのためには測定するため
の器械が必要です。少なくとも初期の段階では、それが必要
になってきます。

　この測定のための装置がそなえているべき機能として、測
定したものをフィードバックに適した形に何か変換して提示
できることが求められます。

　最後は、訓練者側の問題です。その信号をもとに、結局やっ
ているのは何かというと「学習」で、「その信号をもとに、どう
やったら変化するのか、どうやったら自分の体をどんなふう
に変えられるのか」というのを試行錯誤で習得していくのです。
訓練によって、ある程度、「ああ、何となくこうやったら、こん
なふうに変わったぞ」「こうやったら心拍数が下がったぞ」「脳
波が変わったぞ」ということを学習していくということに収
斂します。

例えば、心拍数を下げるときに、「リラックスしたら下がるのではないか」という知識から、「リラックスをしよう」と努力して、結果的に「ああ、下がってきたぞ」というやり方もあるかもしれませんし、中には、「何だかわからない、やっているうちに、自分でもどうやっているかわからないけれど、うまくコントロールできてしまう」ということも起こり得ます。これは、訓練における「媒介（あるいは方略）」の問題にも関わってきます。

　いずれにしましても、こういった形で、「ある程度自分の意図で自分の身体反応を変化させる」という技法です。

表13-2 バイオフィードバックの訓練方法 2

```
(2)バイオフィードバック訓練に必要なもの
  1）装置
    ・生体反応を詳細・正確に測定可能なもの
    ・測定値の変化を分かる形で表せる
    ・反応の変化を瞬時に、継時的に呈示できる
  2）訓練対象者
    ・フィードバック信号、訓練目的、方法が理解できる
    ・訓練に対する動機づけ（やる気）がある

(3)バイオフィードバックの訓練対象
  訓練について理解可能で、動機づけがある患者あるいは一般健常者
    ・小児への適応　・高齢者への適応
```

　先ほども言ったように、必要なものが二つあり、一つは、装置がないと最初は難しいので、「訓練に必要な装置があること」、それから、二つ目は、「訓練をする側にある種の認知的な能力があること」です。「フィードバックによる訓練が赤ん坊にやってできるか？」というとなかなか難しいところがあります。「重度の認知症の人にやってわかるか？」というと、これもなかなか難しい。ただ、「信号が何の意味で、自分は何をするのか」ということがわかっていれば、ある程度、どんな人でも、大人でも子どもでも対象になっています。

　3つめに必要なことは、ただ座ってボーっと見ているだけ

でできるわけではなくて、自分でいろいろ学習していくということですから、「コントロールしよう」という動機づけや、やる気が必要になってくるというところはあると思います。

　こういったことが揃っていれば、かなり幅広い対象者、幅広い反応に対して適用できる訓練と言えます。

　「バイオフィードバック訓練の目標」は何かというと、最初はやはり器械を使って、自分の体の反応を測定して、それを見ながら、「どうやったらコントロールできるのかな」と学習していくことです。だんだんそれがうまくできるようになってきて自分でコントロールの方法を学んでしまえば、器械の助けがなくてもコントロールできるようになる。それが最終的な目標になっています。

表13-3 バイオフィードバックの訓練方法 3

> **（4）バイオフィードバック訓練の目標**
> ・最終的には、装置の助けなしで、生体の自己制御を行うことが出来るようになる。
>
> **（5）バイオフィードバック訓練の対象となる生体反応**
> ・骨格筋反応：　　　筋電図
> ・中枢神経系反応：脳波、事象関連電位、ｆＭＲＩ
> ・自律神経系反応：心拍、ＨＲＶ、血圧、脈波、皮膚温度、末梢血流量、
> 　　　　　　　　　皮膚電気活動、呼吸など
>
> 　　その他

　ここで大事になってくるのが、「気づき」ということです。動作法などでも、「自分の状態に気づく」というのがキーワードだと思うのです。バイオフィードバックの場合、「実際に具体的な生理的な反応を測定して、その状態を見ながら気づいていく」わけです。コントロールするためには、ある程度、「普段気がつかない自分の意識状態や心理状態、体の状態というものに気づく」ということが非常に重要で、「その気づきのために、最初はこういった装置の助けを借りる」という言い方をすることもできるかもしれません。

どのような身体の反応をコントロールすることができるのか、そこに挙げられています。代表的なもの、特に今までいろいろな形で臨床的に使われてきたものとしては、骨格筋の反応から、中枢神経系の反応、自律神経系の反応、などさまざまなものに適応されています。

　骨格筋の反応としては筋肉活動（筋電図）とか、あるいは中枢神経系の反応としては、何といっても脳波のコントロール、最近ではfMRIといった脳のコンピュータ画像処理を使ったバイオフィードバックが、これは大掛かりなものですけれども、実用化されつつあったりもします。臨床的には、例えばストレスマネジメントなどにも1番よく使われるのは、自律神経系の反応かもしれません。例えば、心拍、今回のテーマでもある心拍変動（HRV）、血圧、脈波、皮膚の温度、血流量、皮膚電気活動あるいは呼吸、といったものが適用対象になっています。

　ただ、先ほど図13-1でも出しましたように、測定できて、それをきちんとフィードバックできるような生理反応であれば、可能性としてはさまざまなものがバイオフィードバック訓練の対象になり得るのではないかと言えます。ですから、医療工学みたいなものが進んできて、昔測れなかったような身体反応が簡易に測れるようになれば、そういったものも、もしかするとBFでコントロールできるようになるかもしれません。

　本日お話ししますHRV、心拍変動なども、以前はなかなか難しかったかもしれませんが、近年のコンピュータ等、さまざまな技術的な進歩によって非常に簡単に扱えるようになってきたという側面もあります。

★バイオフィードバックの応用

　応用に関しての話を少しだけまとめていきます。

　バイオフィードバック法の臨床的な実践として、3つの応用が考えられます。

表13-4 バイオフィードバック法の臨床実践について

```
バイオフィードバック法の適用

 ① 具体的臨床応用
 ・直接法と間接法
 ・ストレスマネジメント
 ・他の療法に対する付加的療法、生理反応のモニター

 ② 自らの心身の状態への気づき
  BFは身体のコントロールか心のコントロールか。
  心身相関への気づき←心とからだのコントロール

 ③ 自己制御
  セルフコントロール（自己効力感の獲得 ）
```

　1つ目は、図にある「具体的な臨床応用」です。もともとバイオフィードバックというのは身体のコントロールですから、例えば、「血圧が高い人が、自分の意思で血圧を下げることができる」「指先の血行障害がある人が、自分でうまく血流を調整する」、そういったことができるようになれば、直接的にそういった疾患に対する有効な治療法になるわけで、このような臨床的な直接的な適用というものが、まず1つあります。

　もう少し具体的に臨床応用についての説明をします。血圧が高い人が血圧のバイオフィードバックで血圧を下げる方法を身につける、筋肉が緊張している人が、その緊張を自分でほぐすことによって頭痛を改善する、といったようなものは、

表13-5 バイオフィードバック法の具体的臨床実践のタイプ

```
 ① 随意運動の強化・再学習　　　（骨格筋反応）
 ・主に随意筋を対象として、適切な動作を再学習させるタイプのもの
   例）スポーツにおける技能の向上をめざす
   脳血管障害の後遺症のリハビリテーション、失禁に対する訓練
 ・異常な筋活動を抑えて、正常な筋活動を増強して適切な動作を（再）学習。
   筋力アップや競技力の向上。

 ② 自律性反応のコントロール　　（中枢神経・自律神経系）
 ・自律系疾患の治療、心身症治療、ストレスマネジメント、スポーツの
   メンタ ル・マネジメントなどを対象とする。
 直説法（特異的療法）
   疾患・症状を形成している生体内反応をBFにより直接制御する。
   例）筋収縮性頭痛、片頭痛（血管性頭痛）、書痙、斜頸、レイノー病
 間接法（非特異的療法）
   非特異的生理反応のBFで、リラクセイションや意識変容を得る事による効果。
   例）胃潰瘍、不眠、過敏性腸症候群、高血圧など心身症、リラクセイションなど
```

直接的に問題となっているような生理反応をコントロールしますので、「直接法」と言います。

「間接法」というのは、例えば、「皮膚の温度を上げる、心拍数を下げる」といったコントロールをすることによって、全般的な緊張を低減する、身体のストレス反応を改善させる」ものです。つまり直接的な問題となる生理反応をコントロールするのではなくて、全体的なリラクセーションや緊張緩和、例えば交感神経の活動を下げる、そういったことを目的とするコントロールをすることにより、問題となる心身の状態の改善を目指す、「間接的な臨床応用方法」と言えるかもしれません。

またこれは厳密な意味でのバイオフィードバック法ではないかもしれませんが、心理療法の付加的な療法として使用することにより治療の効果を上げる方法もあります。例えば自律訓練法などで温感や重感の訓練時に、温感のときに実際に皮膚の温度が上がっていることを温度変化をモニターしながら行うことができれば、自分がやっている結果がわかるわけで、訓練者の動機づけが高まり、効果も上がるかもしれません。そういう付加療法として使われることもあります。

2つ目にバイオフィードバックで近年よく用いられているのが、みずからの心身の状態への気づきをもとにした心身のコントロールのための応用ということです。

バイオフィードバックというのは、通常ではコントロールできない生体反応を自分の意思でコントロールする方法なのですが、心と体は非常に密接に関係していますから、身体だけコントロールするということはなくて、身体をコントロールすればそれに伴って心もコントロールされますし、身体をコントロールするというのがじつは自分の心の状態のコントロールをするということなのかもしれない訳です。心身相関から、そういった気づきをもとにして、うまく自分の体や、自分の心の状態というのをコントロールするための方法、これはさまざまなものに応用可能なアプローチといえるかもしれ

ません。

　3つ目としては、BF訓練に付随する効果とも言えますが、セルフコントロールを通じて、「自分でうまく自分の状態をコントロールできている」という認識が、いわゆる自己効力感を高め、さまざまな不適応や問題への対応としてプラスに働くというような効果がある場合が挙げられます。

★バイオフィードバックによるセルフコントロールとは

表13-6 バイオフィードバックによる自己制御（セルフコントロール）とは

① 身体の反応の自己制御（セルフコントロール）
　　　→　身体の疾患の治療
　　ストレス反応（生理反応）の低減など

② 身体の反応の自己制御から心の状態の制御へ
　　　→　リラクセーションによる治療
　　身体（生理反応）から心理反応（感情etc.）の自己調節

③ 心の状態の自己制御（セルフコントロール）
　　心理状態の変化から身体反応を自己調節

　　　　　　　　心と身体の自己制御（セルフコントロール）法

　これは最後のまとめですが、バイオフィードバックによる自己制御、セルフコントロールについて私見も含めてまとめておきます。

　1つ目はバイオフィードバックは身体反応の自己制御（セルフコントロール）、身体をコントロールするということが目的であるということです。特に、ストレスなどに関していえば、これによってストレスによる生理反応を、うまくマネジメントするということが目的となります。

　2つ目は、「体の反応の自己制御から、心の状態の制御へ」とありますが、身体をコントロールすることによって、心理状態も改善する、あるいは身体の反応をコントロールするために、みずから適切な心理状態をつくることが可能になる、そ

ういった方法にもなっています。これは身体疾患にかかわらず、いわゆる心理的なさまざまな問題の改善につながるもので、わかりやすいところでいうとリラクセーションというものの1つの大きな方法にもなっているわけです。端的に言えば、身体から心を自己調整していくということです。

　3つ目は今、身体のコントロールと心のコントロールの2つに分けたのですが、実はこれは分けられないもので、結果的には心と身体のコントロールというものを、全体を通じて、このバイオフィードバック法で獲得をしていくということになる、という視点です。

★心拍変動バイオフィードバックとは

　ここから本題に入ります。近年、急速に広がり、研究が発展しつつある「心拍変動バイオフィードバック」というものについてご紹介します。実はこのBFは、今説明したバイオフィードバックの基本的な概念とは若干異なる、少し特殊なバイオフィードバックと言えるかもしれません。

　現在、その効果の範囲はかなり広いのではないかと考えられていること、さらには、訓練の方法もBF訓練としては比較的簡単といえるかもしれないといった特徴があります。

　例えば、自分の体温をコントロールするフィードバック訓練は、一般に修得のための訓練に時間がかかります。それに対して、この心拍変動バイオフィードバックは、心臓の活動をコントロールするのですが、実際に行っているのは呼吸の統制が中心で、自分で呼吸を調節する、ある一定のリズムの呼吸をする、これだけ、「これだけ」と言ってしまうと語弊があるのですが、これを目的としています。

　実際に、その効果を得るためには、「何のために呼吸をしているのか」という理論的な背景がわかっていることも大事になります。

　後ほどのデモで実際にお見せするように、10秒周期くらい

の呼吸を続けるのですが、「単に10秒間隔の呼吸をしていれば、何でも効果が出るのか」というと、それだけではおそらく不十分で、実際には「一体何の目的で、何をしているのか」ということを理解した上でこのアプローチをやるほうが、効果的であると考えられます。

　その基本的な背景を少しご説明したあとに、実際の具体的なやりかた、そして本格的にやる場合には、装置などを含めてどこまで必要か、装置などの都合で本格的にできない場合、日常的に多少なりとも効果のある方法はどういうものかをご説明したいと思います。

　最初に、心拍変動、これはheart rate variability：HRVといいますが、それを使ったバイオフィードバックの概要を先にお話をして、その後、各論に入っていきたいと思います。

　まず心拍変動とは何かを説明していきます。心臓の活動というのは、例えば、「走れば速くなる」「心理的なことで緊張すれば速くなる」「何か刺激によって変化する」ということは、よく知られています。ただしそういった刺激が何もない、一般的な普通の状態でも、心臓の拍動は速くなったり、遅くなったり、変化をしています。しかも、それには一定のリズムを持った揺らぎがあるということがわかっています。

表13-7　心拍変動（HRV）とHRVバイオフィードバックの概要 1

(1)　心拍変動とは

　心拍変動（HRV：heart rate variability）は、定常状態における心拍のゆらぎであり、自律神経系の活動の指標として広く用いられるようになっている。最も典型的な成分として呼吸活動に伴う呼吸性洞性不整脈（RSA）があり、これは心臓の迷走神経（副交感神経）の活動レベルを反映することが明らかになっている。その他血圧調節に関連する変動成分などがあるがそのメカニズムは複雑である。

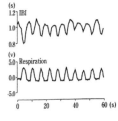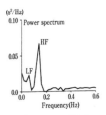

安静ペース呼吸時の心拍と呼吸の反応（左）と周波数分析（FFT）によるパワースペクトル密度（右）

ここに示すように心拍変動とは定常状態における心拍の揺らぎのことで、自律神経の活動の指標として広く用いられるようになっています。最も典型的な成分として、RSAと呼ばれる呼吸活動に伴う「呼吸性洞性不整脈」があります。これは迷走神経（心臓の副交感神経）の活動レベルを反映していると言われています。

　つまり、副交感神経活動が優位になっているときには、呼吸に伴って心拍が一定に速くなったり、遅くなったりというリズミカルな反応をする一方、副交感神経が抑制されているとき、例えば緊張していたり、何らかの疾患のときには、この変動が見られなくなるということがわかっています。

　このような心臓の周期的変動が起こる要因は、呼吸だけではなくて、呼吸以外にもいくつかの要因があります。もう1つ大きく影響しているのが、血圧の調節に関係するようなリズムの成分です。これは約10秒に1回位の変化、10秒周期で心拍数が速くなったり遅くなったりするというものです。先程の呼吸による変化よりゆっくりしていて、これは血圧の調節に関わる神経系のメカニズムによる変動と言われています。この10秒に1回の血圧調節にかかわる心拍の変動と先の呼吸による変動が、今回の心拍変動バイオフィードバックの重要なポイントとなってきます。

　そのほか、これも血圧に由来するのですが、血管を調節するような制御の中に、もっと遅い、30秒に1回くらいの変動のリズムがあったりします。

　これらが複合して実際には心拍というのが変動している、もちろん、そのときに何らかの心理的刺激が加わったり、運動をしたりすると、普段私たちが経験するもっと大きな心拍の変化が起こるということです。

　図をご覧いただくと、左側に2本の波形があります。あとで具体的に見ていただきますが、下が呼吸の活動で、息を吸うと上がり、吐くと下がる、この吸って・吐いてというのが、山のような形になっています。

その上に、IBIとあります。これが心拍の速さの変化です。ただし、心拍数ではなくて、心拍の1拍、1拍の間隔の長さ、Inter Beat Intervalとか、心電図のR波とR波の間隔を取るので、R-R Intervalと言われることもあるものです。ですから1拍と1拍の間隔が長くなるということは心拍がゆっくりに、短くなるということは、心拍が速くなるということですから、心拍数とはちょうど逆数のような関係になっています。

　これで見ていただくと、スーッと息を吸って呼吸が上がると、それに伴ってIBIが下がっている、つまり心拍数が速くなっている、フーッと吐くと、今度は心拍がゆっくりとなる、呼吸にぴったり同期した形で変化をしています。

　こういった心拍の変化は見た目でもある程度はわかるのですが、それぞれの周期、周波数ごとのパワーとしてスペクトル分析などをしたのが、右側のパワースペクトルのグラフで、これもよく用いられます。

　図を見ていただくと、パワースペクトルのグラフに2つピークがありますが、LFと書いてあるのは、Low frequency（低周波成分）です。大体0.1Hz、つまり10秒に1回のところに1つ山がくる。もう1つがHF：High frequency（高周波成分）といって、この場合は0.17くらいですけれども、今回この一定のペース（周期）で呼吸をしたときに、呼吸周期にあたるところの大きな成分となって表れています。

　さきほど説明した「呼吸に伴う変動の大きさというのは、そのとき副交感神経の活動がどれくらい高いのか」ということをあらわしていますので、リラックスしている、あるいは副交感神経がしっかり働いているときというのは、この変動が大きく出る、すなわち、ピークが高く出るというふうに考えられています。

　次に今回の心拍変動バイオフィードバックというものの意味について説明します。心拍変動バイオフィードバックでは、およそ0.1Hz、さきほどの10秒に1回というところに、もともとの血圧調整にかかわるような心拍の変動があるのですが、

表13-8 心拍変動(HRV)とHRVバイオフィードバックの概要 2

（2）　HRV（心拍変動）バイオフィードバックとは
HRV（心拍変動）バイオフィードバック ・おおよそ0.1Hz（10秒）の呼吸コントロールにより、心拍の変動を増大させ、 　圧受容体反射を刺激して自律系のホメオスタシス機能を改善するもの **心拍変動の意味** ・HRVは身体的・心理的な適応状態を反映することが示唆されている。 　⇒心理的ストレス、不安・抑うつ、心疾患などにより顕著に低下 　　ストレスや自律神経障害に関わる脆弱性を反映している 　　（うつ病やパニック障害症状改善に伴い、HRVの低下が改善される報告など） 　⇒HRVBFによりストレス反応の低減、うつ病、PTSD、不眠、喘息などの改善報告 　　（HRVは生体の休息機能に関連している、全般的な健康増進等も）

そのときに呼吸をコントロールしていって、呼吸も10秒に1回くらいのゆっくりした速さにしていきます。すると、血圧によって起こる心拍の変化と、もともとはもう少し速い周波数のところに起こる呼吸による変動がちょうど同期することになります。これを「共鳴する」というのですが、そうすると、普段では生じないような大きな心拍の変動が、身体のメカニズム的に起こります。その状態を起こすことによって、いわゆる自律神経系を刺激して、特に副交感神経の活動、あるいは体のホメオスタシスの状態、そういったものを非常に改善していくと言われています。そのために、呼吸をコントロールするのです。呼吸の仕方によって同期も変わってくるのですが、10秒に1回という呼吸を利用して、うまく自律神経を刺激して、さまざまな効果を得ようというものです。

　ここに示すようにいろいろな心拍変動があります。「とくに呼吸に伴って、なぜ心拍が速くなったり、遅くなったりするのか」ということについては幾つかの説があるのですが、1つの説明として、心拍変動が、身体的あるいは心理的な適応状態を反映するという説があります。ストレスがかかったとき、つまり、心理的に不安な状態、抑うつ的な状態、身体的な疾患があるというようなときに、この心拍変動という数値は減少します。逆に、心理的な疾患などを治療すると、心理状態の改

表13-9 心拍変動バイオフィードバックの基礎理論

```
(1) 心拍変動の基礎

・心拍数は運動はもちろん外界の刺激や情動、ストレスなどに対して変化を見せる。
 しかし、心拍は運動や精神的負荷に対して変化を示すばかりでなく、通常でも周期的
 な変動を見せている。

・たとえば、一拍毎の心拍数や心電図R-R間隔の変化の軌跡をみると、呼吸と連動した
 「ゆらぎ」がみられる。心拍は吸気に伴って加速し、呼気に伴って減速を示す。
 ⇒これは呼吸性不整脈(respiratory sinus arrhythmia: RSA)と呼ばれる。

・さらに血圧調節と関連した約10秒周期のゆっくりとした変動、血管緊張制御に関わる
 約30秒の変動も認められる。

・特に呼吸に関連した変動成分(RSAあるいはHF成分)は副交感神経系の活動指標と
 されている。
```

善にともなって、心拍変動があらわれるということも報告されていて、「生体、心身が適応的な状態のときには心拍変動がしっかり出ているが、それが損なわれているときには、心拍変動が出てこない」ということも言われているのです。

　心拍変動が何に対応した指標かということについて、最近は、特に呼吸器系が、休息、身体の回復、そういったことの機能、その指標と考えられたりもしています。

★心拍変動のメカニズム

　「何をするのか」というのは、今言ったとおりですが、それに関して、もう少し細かく要点を述べておきます。

　普段何もしないときでも心拍は変動しています。その変動にはさまざまものがありますが、1番大きくあらわれるのが呼吸性の変動で、心拍は吸気、吸うときに速くなって、吐くときに遅くなるというものです。

　なぜそうなるかというと、多分そのほうが効率がいいからと考えられています。つまり、生体は呼吸によって、酸素を身体に取り込んで、二酸化炭素を出すというガス交換をしているのですが、息を吸ったときというのは肺に多くの酸素が来ているので、そのときに心拍数を速くして、たくさん血液を

流せば、体に酸素を一杯に取り込むことができます。他方、吐いているときは、その時肺に血液が多量に流れても、大して意味がありません。だから、呼吸を吸ったときには心拍数が自動的に速くなって、ガス交換を高め、逆に吐いているときは、そこで心拍が速くなっても疲れるだけですから、なるべく心拍数の活動を下げて、エネルギー消費を減らす。そういったメカニズムになっているのではないかと考えられています。身体の機能がうまく働いているときは、それがしっかり機能しているけれど、何か問題が起こると、うまく働かなくなってくるということなのです。

　もう1つ、「血圧に関する10秒周期」ということについて説明します。血圧も、実は自動調節しています。ホメオスタシスによる自動調節のひとつですが、血圧がだんだん高くなるのを感知すると「下げよう」という指令が脳から出てくるわけです。身体の中には、圧受容器反射、つまり血管の拡張をモニターしている場所があって、そこが「血圧が上がったぞ」と判断すると、「じゃあ、少し下げろ」という指令を出すわけです。

　どうやって血圧を下げるかというと、1つは心拍をゆっくりとする、もう1つの方法は血管を拡張する、すなわち血管の緊張を弛めることです。このふたつで血圧を下げようとするわけですが、その調節は多少遅れが生じるので、その遅れによって10秒くらいの定期的な振動というものが生じると言われています。

　ここで実際にデモンストレーションの画面をご覧に入れます。

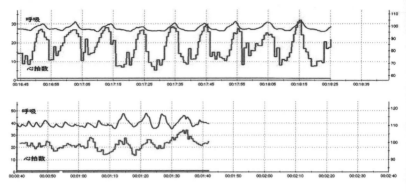

図 13-2 規則呼吸時（上）と不規則呼吸時（下）の生理測定グラフ

　今お腹に呼吸のセンサーがついていて、指からは心拍数を測っています。各グラフの上の線が呼吸の動きで、各グラフの下の線が心拍（HR）の変化です。見てもらえると、ちょっとずれますが、呼吸に合わせて心拍が速くなったり、遅くなったりしています。心拍の山谷の変動が大きいと、副交感神経の活動が高まっていることをあらわします。これを見ていただくとわかるのですが、呼吸を深くゆっくりすれば、それだけ心拍の変動も大きくなります。例えば、ちょっと速く呼吸してみます。今速い呼吸をしていますと少しずつ変動はしていますが、あまり大きな変動が見られません。これをゆっくりすると、心拍の変動が少し大きくなってくると思います。

　単純に、心拍の変動を大きくしようと思ったら、呼吸をゆっくり深くすれば、見た目上は振幅が大きくなるのです。心拍の呼吸による変動が副交感神経のレベルをあらわしているとは言うのですが、少なくとも「一定の呼吸をしているときに、その振幅がどれくらい変化するのかを考えなければいけない」というのが基本になってくるのです。後程もう1回見ていただきます。

★心拍変動バイオフィードバックの考え方

　では、このような心拍変動をバイオフィードバックすると
いうのは、どういうことになるのでしょうか。

　心拍の変動幅というのが副交感神経の活動レベルをあらわ
しているので、例えば、リラクセーション、ストレスマネジメ
ントをやる場合、副交感神経の活動を上げることが目的にな
ることが多くなります。そこで、「心拍の変動をなるべく大き
くすることが自分の意思でできれば、自分の意思で副交感神
経活動を活発にさせることができるのではないか」という考
え方に行き着くわけです。こういった心拍変動を使ったバイ
オフィードバック訓練というものも当初検討して、いろいろ
研究がされていました。

　ただし、その場合、先ほど言ったように、単に呼吸を変えれ
ば変動の大きさは変わるので、それでは呼吸を変えているだ
けということになってしまいます。そこで「呼吸を一定にし
ながら、なおかつ、だんだん心拍変動の振幅を大きくしてい
くということが、自分の意思でできないか」といった研究が
一時期ありました。私も20年以上前に取り組みましたが、あ
まりいい効果が出なかったのです。それは、そのような訓練
がかなり難しい二重課題になるということがあったからです。
「呼吸をコントロールしながら、心拍変動を大きくする」とい
うことが、リラックス訓練にとってどこまで効果があるのか、
微妙なものがあったのです。

　そのような中で、全く異なる考え方が出てきました。それ
が今回のテーマである「心拍変動バイオフィードバック」で
す。先程のような、「リラックスすることによって心拍の変
動を大きくする方法を身につける」という考え方ではなくて、
単純に、「心拍の変動の一番大きくなる状態をつくってやろう。
そういう状態をつくると、身体がそれに反応して、自律神経、
副交感神経などが刺激されて、よりよい状態になっていくのだ」
と考えるモデルが出て来たのです。

一言でいえばこういうことです。「もともと存在していた血圧由来の10秒という変動に、呼吸を10秒に調節することによって呼吸性の変動がそれが合わさった形で、より大きな心拍の変動が起こる。」そうやって心拍の変動を最大にすることによって、自律神経機能、特に副交感神経機能の活性化が起こって、心身の機能への効果が出てくるということが、研究でわかってきたのです。

　これは、ある意味、神経系の筋トレみたいな考え方でしょうか。神経系をトレーニングすることによって、それがよりよい状態に戻ってくる、リハビリになるというようなイメージです。いろいろな身体の病気、あるいは心身的ないろいろな問題を抱えているときは、これがうまく機能していないので、このように刺激することによって、神経系の活動レベルから、だんだん心と体を良い状態に持っていく、そういう効果があるというものなのです。

　目標としては、心拍そのもの、あるいは心拍の変動を変えていく。それに伴って自律神経の機能とか、反射のような機能を改善していくということですが、実際具体的にコントロールしているのは呼吸なのです。訓練で行うことは「呼吸を10秒でする」ということになってくるので、簡単といえば簡単です。ただし、「単なる呼吸の訓練と異なるのは、あくまで、呼吸の制御に伴って目的としている心拍の変動の変化が生じていることを確認する、それによって心拍の変動に同期する10秒周期の呼吸とそのタイミングを獲得をしていく」ということです。

　単純化してしまうと、「ゆっくりした呼吸をすると健康的だよ」みたいな話になってしまうのですが、その背後には、しっかりした理屈があり、それがしっかりできていないと、あまり効果的な結果にはならないかもしれないということなんです。

　そのために、実際には、どんなことをするのかを説明します。表13-10は、具体的な心拍変動バイオフィードバックのプロトコルです。「10秒周期」と言っても個人差があり、人によっては、最適な呼吸の周期が少し遅かったり速かったりといった個人

表13-10 心拍変動バイオフィードバックの実施方法（プロトコルの概要）

1）共鳴周波数の確認
　リアルタイムの心拍数の変化のグラフを見ながら、変動が最大となる呼吸数（共鳴周波数）を確認し、その呼吸数をペーサーなどを利用しながら一定に保ちつつ、心拍の変動や心拍変動のLFパワーが大きくなることを意識しながら呼吸調整をおこなっていく。
　一般に呼吸の共鳴周波（心拍の変動が最大となる呼吸数）は1分間に6回（10秒周期、0.1Hz）であるが、個人差があり人により若干異なる。
　⇒個人の共鳴周波数の特定（6.5回/1分〜4.5回/1分）各2分間の試行

2）週1回の訓練セッションと自宅練習（20分×2回）
　訓練セッションでは訓練効果の確認、自宅練習に利用できる訓練の実施など含む

※慣れないうちは、訓練者が過呼吸などを起こさないように無理な呼吸をしないように注意する。
※訓練機器について

差があります。

　ですから、正確な訓練をするためには、最初は10秒、つまり1分間に6回の呼吸をしてもらい、次に1分間に6.5回くらいに速めてもらい、今度は5.5回というように、その周辺の呼吸周期で実際に統制呼吸をしてもらって、どのくらいの呼吸周期で1番心拍の変動が最大に出るのかというのをまずチェックします。その人固有の共鳴周波数、呼吸の周波数というのを確認して、それをもとに訓練をしていくわけです。その人固有の呼吸の周波数がわかったら、週1回、クリニックなり病院なりに行って訓練をして、あとは自宅で1日20分のセッションを2回くらいの訓練をしていくと、非常に効果が出てくるとされています。

　実際には、呼吸をしながら、自分の呼吸によってきちんと心拍が同期して変わっているということを確認しながら、その呼吸法を続けていくということが大切になるので、単なる呼吸だけでは、なかなか訓練は難しいのかもしれません。自宅のセッションでは呼吸のトレーニングだけになってしまうかもしれませんが、少なくとも週に1回くらいは実際に器械を用いて10秒周期の呼吸をしながら、「確かに心拍が上がっているな」「下がっているな」「変わってきているな」と確認し見ながら、「こういった呼吸でいいのだな」というのを体感し、

学習しながら、続けていくということになります。

　基本的にはそれだけです。ただ、気をつけなければいけないこととして、慣れないうちは、10秒周期のゆっくりした呼吸で、しかも深い呼吸をしようと思ってしまうので、過呼吸などの問題が起こる可能性があります。基本的にはなるべく無理のない呼吸、「浅い感じで、楽な呼吸」というものから試していくといったようないくつかの注意点がありますが、そういうことをしていきながら慣れてくるにしたがって、なるべく腹式呼吸にしていくのが良いでしょう。最初から「こういう呼吸の仕方をしなければいけない」ということはありません、自分の楽な呼吸で、ただしペースとしては、10秒に1回を中心とした、その人に合った、最適な呼吸サイクルを続けていくということになります。

　「訓練のための留意点」というのを示してありますが例えば、どの呼吸パターンが、その人にとって最適かというのを見極めることにもかかわってきますし、通常の呼吸統制のトレーニングのときにもポイントになる点です。その人にとって、振幅が最大になるポイントかどうかの判断の要点はつぎのようなものです。

表13-11 HRVBF訓練実施の留意点

1) 共鳴周波数の確認のポイント
・呼吸の動きに一致して心拍変動が生じている
・心拍変動の振幅（山と谷の差）の程度
・パワースペクトル解析のLF成分（低周波成分0.04〜0.15Hz）のパワー、ピークの程度
・LFスペクトルが鋭い単一のピークになっているか
・心拍変動はサイン波のように滑らかな波形になっているか
・呼吸調整に対する訓練者の内観

2) 呼吸について
・楽な呼吸をすること（自然で浅い呼吸、呼気の際は口をすぼめる意識）
・過呼吸にならないようにする（複式呼吸がよい）
・呼気＞吸気　（ペーサーのタイミングを気にしすぎない）

1. 呼吸の動きに一致して心拍が変動しているか
2. 心拍の上昇・下降が、呼吸の吸う・吐くと、きちんと一

致しているかどうか

3. 心拍の変動を見て、心拍の山と谷の差が大きくなっているかどうか

4. パワースペクトルの分析、周波数分析ができる場合には、いわゆる0.1Hz、10秒近くのところのパワーが大きくなっているか

5. きちんとぴったりした周期で呼吸ができていれば、ピークがあまりダラッと広がらずに、特定の周波数のところに非常に急峻に大きなピークが出るような呼吸になるはずだが、そのようになっているか。

6. 心拍数の変化ができているのか

　そして、比較的重要なのは、単に変動が大きくなるというより、変動がきれいにサイン波として、山谷がきれいに滑らかに変動しているという点です。こういった波形が出るような共鳴周波数を見つけるということと、実際の訓練のときも、なるべく呼吸に同期して、滑らかな山谷の変化が起こるような呼吸を身につけていく、それによって心拍変動が大きくなるようなやり方を見つけていくということが大事になってきます。

　また、変動は生じているのだけれど、体感としてすごく苦しい、やっていてすごく緊張しているという場合は何らかの問題があるので、そういったところも含めて、なるべく本人が楽な状態でできていることが大切な点になります。

　こういったところを注意しながら、10秒呼吸によって、なるべく心拍を大きくしていくということを目指しています。

★呼吸のポイント

　呼吸が要点になるのですが、この訓練での呼吸のポイントとしては、まず何といっても、「楽な呼吸をする」ということです。慣れない場合、最初は10秒が難しいという人もいます

ので、慣れるまでは例えば6秒から始めて、7秒、8秒とか、なるべく長い間、無理のない呼吸ができるように、呼吸法について徐々に慣らしていきます。最初は「腹式呼吸で深く」とかあまり考えなくてもいいので、自然で浅い呼吸、過呼吸にならないような感じで呼吸をして構いません。吐くときには、「ハッ」と一気に吐くのではなくて、口をすぼめて、「フーッ」と吐いていくような、そんな感じで呼吸をしていきます。

　呼気と吸気の比率としては例えば、10秒だとすると、4秒くらいで吸って、6秒くらいでフーッと吐く、そんなタイミングがいいのではないかと言われています。

　訓練器械、システムなどを使うと、呼吸のタイミングが、波とかバーの上下というような形で、10秒のペースを示してくれますが、そういうタイミングにしたがって呼吸をやると、それに合わせた形で、「吸って、吐いて」とやりたくなるので、あまり呼吸のペーサーみたいなものにとらわれずに、1回10秒というあたりを目安にしながら、自分のタイミングでうまく呼吸をして、なるべくそれが心拍の変動に、うまく同期できるような、そんな呼吸を見つけてもらうということです。

　可能になってきたら、なるべく腹式呼吸が望ましいと言われています。腹式呼吸のほうが過呼吸になりにくいし、制御もしやすいという点があります。

　そのようなことを注意しながら、訓練していくということになります。

★心拍変動バイオフィードバックの効果

　心拍変動バイオフィードバック訓練によって期待される効果としていろいろなことが挙げられています。

　まずは「副交感神経活動が活性化されるのではないか」と考えられています。もともと訓練によって副交感神経を刺激しているということは言われていますので、こういった自律神経系の疾患、そもそもリラクセーションということにもか

表13-12 HRVバイオフィードバックによる期待される効果

① 副交感神経活動の活性化
　HRVBFの訓練により副交感神経を刺激する

② 多くの疾患に関わる呼吸機能の改善
　肺でのガス交換効率の向上

③ 休息機能の向上
　呼吸タイミングにおける心拍減少は循環にけるエネルギー消費を抑える
　呼吸性不整脈(RSA)は休息(回復)機能と関連している可能性

④ 情動制御の改善
　①との関連　など

→自律神経障害含む心理的・身体的障害の効果報告(循環器系の機能改善、喘息、
　うつ病、PTSDなど)、睡眠の改善、リラクセイションなど

かわります。結局、その辺の調整というのは、中枢でやっているものですから、いわゆるある種の不安、ネガティブな感情、情動のコントロールにもかかわって、改善が見られるようなことも言われています。

　次に、先ほど触れましたが、多くの疾患にかかわる呼吸機能の改善ができるとされています。肺でのガス交換の効率が向上しますから、呼吸器系のさまざまな問題が改善されるのです。当初、「喘息などに効果がある」と言われていたのは、まさにこの点なのかもしれません。

　最近、指摘されているのが広い意味での身体の休息機能の向上です。呼吸のタイミングにおける心拍の減少は、循環におけるエネルギー消費を抑えます。ガス交換において、吸気のときはなるべく効率を上げるために心拍を速くして、呼気のときは休むことによって身体の効率を上げています。特に呼吸性の変動、RSAというのは、身体の休息状態と相関があるようです。例えば、夜寝ているとき、呼吸性の変動は非常に大きくなっていて、多分それが休息と回復に非常にかかわっています。その辺がうまくいっていないと、睡眠中にあまり変動が見られない。ですからこのトレーニングによって、睡眠の質、睡眠障害の改善にもつながるという報告もされています。例えば休息回復、リラクセーション、そういった全般的

なことにも効果があるのではないかと考えられています。

　情動制御などともかかわってきますので、さまざまな心理状態、うつとかPTSDなどにも関係します。病気でなくても、さまざま心理状態、精神状態というものを、よりよい状態に持っていくことも可能だと考えられています。

　今回の話とは、若干ずれるのですが、いわゆる心拍変動の長期記録などをすると、全般的な健康、あるいは寿命、そういったこととも、この心拍変動がかかわっていて、この辺をうまくトレーニングして、よりよい状態に持っていくということが、さまざまな健康増進に大きくかかわってくる可能性もあると言われています。

★心拍変動バイオフィードバックのまとめ

表13-13 まとめ

```
・HRVバイオフィードバックのメリット

  ・広範囲の心身の疾患等に効果がある可能性
  ・バイオフィードバック法によるコントロールとしては比較的容易
  ・副作用がない(初期の過呼吸等には留意)
  ・他の心理療法などとの併用の可能性も
  ⇔ まだ研究が確立されていない部分がある
    効果的な訓練には装置を要する。

・日常への訓練の適用について(簡単なもの→より本格的な導入)
  ・6回/1分の呼吸訓練だけでも・・・
  ・呼吸訓練に合わせて心拍の変化を体験した上で・・・
  ・簡易な心拍測定アプリなどを利用しながら
  ・専用装置(簡易)を利用したトレーニングの実施
  ・専用装置を利用した評価ととレーニングの実施
```

　メリットを整理しましょう。

　まず、先に挙げたように、「いろいろな適応範囲の可能性があるのではないか」ということです。もう1つは、理屈は難しいところがありますが、やっていることは、結局呼吸を調整するということですから、実践しやすいという点です。バイオフィードバックは、皮膚温など、不随意で自分ではコントロールできないものをコントロールすることが多いのですが、

呼吸は唯一、自律神経の中で自分でコントロールができるものですから「呼吸を使ってコントロールする」というのは、比較的やりやすいく、「ほぼ副作用がない」ということが挙げられます。最初は過呼吸には注意しなければいけませんが、特に、「これをやってはいけない」ということは無く、禁忌のものも、ほぼないのではないかと言われています。

　更に特徴的なもう1つの点は、純粋に身体の制御から心身のコントロールになっているのではないかと考えられることです。例えば、一般的なバイオフィードバックを使ったリラクセーション法などの場合にも、身体は使っているのだけれど、意識をどう向けるかというような心の状態のコントロールといった要素が少なからず入ってくるのですが、心拍変動バイオフィードバックの場合、その点の関与が少なく単純に呼吸をうまくコントロールしながら、心臓の変化をコントロールする、そこに注目しながらそれによって心身の改善が求められるというのは、非常に大きな点かもしれないです。

★今後の可能性

　今後、他の心理療法などと併用する可能性も提案されています。いろいろな心理療法、カウンセリングなどの開始時に、まず少しこういったHRVバイオフィードバックのトレーニングをすることによるリラクセーションを取り入れて少し落ちついた状態にして治療に入ることが出来る、あるいは、そのときの状態というのが、すでに心身の評価にもなっていますので、そういった状態の記録などにもなる、そういった応用も有効かもしれないということです。

　他方、今後の課題としては、まだ研究が確立され切っておらず、不明な点もあるということが挙げられます。今後さらに研究を進めていく必要ものぞまれます。

　それから、もともとバイオフィードバック訓練なのでやむを得ないのですが、呼吸が中心の訓練とはいっても、実際に

効果的な訓練をするためには、ある程度の装置を使ったほうがいいということも重要です。その点も確認した上で、最後に、器械があるところで訓練をするのが1番いいのかもしれませんが、それができない中で、どういった実践適用ができるのかについて、段階的に少し触れてみます。

　1番ざっくりした言い方をするなら、理屈からすると、大体10秒、つまり1分間に6回の呼吸をすると、だれでも最大に近い変動にはなる。そこでとりあえず落ちつくため、リラックスのために呼吸をしようというときに、「10秒周期くらいの呼吸」を意識しながらやる。もしかすると、それだけでもある程度の効果があるかもしれません。

　ただし、さらに効果的にするためには、1度はしっかり呼吸をしながら、「あっ、こんなふうに心拍が変わっているんだな」ということを体験して、そのときの感覚を少しわかった上で、器械がなくても、そのときのことをイメージしながら、最適な呼吸のトレーニングをしていくと、もう少し効果が上がりやすいかもしれません。

　今回紹介もしましたが、簡単なものでもいいので心拍を測定してみる。最近はスマホで測れたりするソフトウエアもあるので、そういったものを使いながら試してみて下さい。最初はなかなかきれいには出ないかもしれないのですが、少し試してみて多少イメージ的に、「ちょっと上がったり、下がったり、変動しているな」というのがわかるものを利用しながら、呼吸のトレーニングをしていくと、効果が上がるかもしれません。

　もう少し本格的になると、単に10秒と決めつけず、一度、自分の最適な共鳴周波数と呼吸のパターンをきちんと確認することができれば、より良いと思います。

　さらに良いのは、呼吸と心拍の値がちゃんとモニターできるようなトレーニング装置、簡単なものもあるので、そういったものを利用して、実際に実施すると、かなり効果があると思います。

もちろん、もっと本格的な装置を利用して、しっかりトレーニングをすれば、さらに効果が高いです。

　どこまで力を入れて取り組むのか、あるいは自分自身のためだけなのか、それとも、これを利用して何か他人のケアに用いるのかによって、装置などの環境をどこまで整備する必要があるのかは変わってくるのかもしれません。

★機器

　この後実際に測定をしますが、バイオフィードバックの器械としては、さほど高価でなく手に入る装置がある分野でもあります。

　今回使用する装置は、emWavePCという外国の製品ですが、日本の代理店によりネットなどでも販売されています。これで心拍変動のトレーニングができるような装置とソフトが販売されています。例えば、パソコン版でしっかりやろうとする場合でも、5万円くらいのシステムでできます。後で見てもらいますが、単なる、スマホアプリではなくて、ちゃんと専用センサーがついていて、さらには専用のソフトウェアがついているスマホ対応用のものもあります。しっかりと呼吸の統制と、耳朶から計測する比較的正確な心拍の測定と心拍変動の評価がされるものが3万円くらいで入手可能です。例えば、このレベルのものを利用しても、かなりしっかりとした訓練ができる可能性はあるということです。

　全く何も心拍が測れないよりは、多少なりとも心拍が測れたほうが効果があります。近年ではスマートフォンのカメラ機能などを使って簡易に心拍が測れるようなアプリもありますので、そういうものも利用してみるといいかもしれません。ただ、あまり精度は高くないし、先ほど「変動が滑らかなのが大事」と言ったのですが、なかなか滑らかな変化まで追従できるようなスマホアプリはないかもしれません、あくまでスマホアプリは、スマホアプリ程度といったところで扱っても

らえればいいと思います。

　スマホアプリの場合、それを使ってストレスチェックとか、それぞれのアプリの独特な指標などがあってそれがどこまで適切なのかは何とも言えないところですが、少なくとも、心拍の測定ということには、応用できると思います。

　この後、実際のトレーニングを少し具体的に見ていただこうと思います。

実演

小林　こちらが、先ほどご説明したPCを用いたトレーニングシステムの画面です。例えば今、計測を始めます。下のほうに表示されているのが、耳朶から測っている脈波の波形です。ネット配信の関係で、少し動きが悪いですが、実際にはもう少し滑らかに動いています。

　　上に出ているのが心拍数の変化です。今、何か特別なことをしているわけではない状態ですが、上がったり下がったり、変化しています。今、どんなペースでも構いませんので、ちょっとゆっくりした呼吸を一定のペースでしてみてください。

被験者　はい。

小林　呼吸に合わせて、自分の心拍数が変化していることがわかりますか。

被験者　はい。

小林　今度は、呼吸を統制してもらいます。試しに10秒でやってみましょうか。ここで「10秒」と設定すると、右のバーが10秒周期、つまり5秒で上がって、5秒で下がるという形で上下します。どちらでもいいのですが、イメージしやすいのは「吸っているときに上がって、吐いているときに下がる」みたいな感覚がいいと思いますので、そのペースに合わせて呼吸をしてみてください。ちょっとやってみましょう。バーの動きに合わせて「吐いて、吸って」と

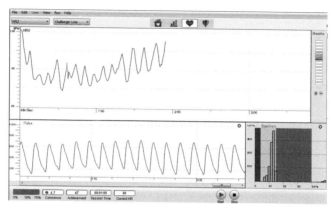

図13-2 心拍変動バイオフィードバック画面

　やるのです。必ずしも、この動きにキッチリ合わせて、「こ
こまで吸って、ここからずっと吐いて」とまでやらなくて
も結構なので、一回の「吸って・吐いて」で10秒になるよう
に自分のタイミングで呼吸をして下さい。

　あまり一生懸命やると過呼吸になってしまうので、あま
り息を吸い過ぎないように、はじめのうちは浅い呼吸でい
いので、タイミングだけなるべく合うように、少し試して
みてください。

　では、やってみてください。2分間、これで試してみます。
吐くときには、割と長めにして、口を揃えてフーッと吐く
ような感じでやると、ちょっと楽かもしれません。無理は
しないでください、苦しくなったら、途中でやめても構い
ません。では、始めて下さい。

【訓練中】

小林　はい、やめてください。大丈夫ですか、今苦しくなかっ
　　たですか。

被験者　大丈夫です。

小林　例えば、「もうちょっと
　　長くても大丈夫」「もうちょっ
　　と短いほうがいい」とかあり
　　ましたか。

被験者　吐くときは長くてもい
　　いのですけれど、吸うときが
　　ちょっと苦しい感じです。

小林　ちょっと短めの呼吸間隔でいきましょうか。

　　（全体に向かって）いま、見ていただいたように、年齢的
　　にも若いですし、健康的な被験者だと思われますので、非
　　常にきれいな波形が出ています。改善する必要はないのか
　　もしれませんが、いまの結果を、さっき言った周波数解析
　　の結果で見ると、こんなふうに、ちょうど、0.1Hz のところ
　　に非常に高いピークが出ていますので、うまい具合にコン
　　トロールできていたということを示しています。

　　さっき言った、共鳴周波数、「どこがいちばんこの人
　　にとって心拍変動が最大になるのか」を確認しますので、
　　さっきより速い 9 秒間隔の呼吸で訓練してみましょう。今
　　の 10 秒と 9 秒で、どちらのほうが心拍変動が最大になる
　　かによって、どちらが最適な共鳴周波数か判断します。

　　（被験者に向かって）同じように 2 分間ですけれど、さっ
　　きより若干速くなります、同じようにやってみてください。
　　別に上までずっと吸い続ける必要はない、途中でやめて吐
　　き出しても構わないです。では、いきます。

小林　はい、お疲れ様でした。

　　10 秒間隔だったさきほどと、9 秒間隔のいまと、どちら
　　が楽でした？

被験者　私は 10 秒のほうが楽に感じました。

小林　なるほど。見ていると、こちらのほうが大きく心拍変動
　　があるようにも見えます。

　　ご本人が「10 秒のほうがよかった」とおっしゃるように、
　　最初の 10 秒のこちらのほうがピーク値が高くなっていま

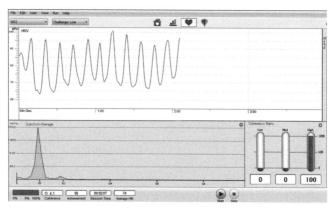

図 13-3 HRVBF 10 秒呼吸訓練の生理測定グラフ

す。先程の9秒のグラフのピーク値が1500で、この10秒
の方のグラフではピーク値が1800くらいですから、この
2つで比べると、おそらく10秒のほうがこの方には合って
いるようです。本当はこの後、11秒など少しずらした他の
時間間隔でも試してみて「どの呼吸周期が1番最適なのか」
を確認して、その呼吸周期で訓練をしていくことになるの
ですが、今回はとりあえず10秒で、もう少し長く時間を
とった訓練を1回やってみたいと思います。

　（被験者に）今度5分間やってもらいますので、もし何か
途中で苦しくなったらやめてもらっても構わないです。

被験者　はい。

小林　では、5分間、続けてみてください。

【5分間訓練中】

　見ている方も、表示される心拍は自分のものではないで
すけれど、10秒の呼吸がどんなものか、画面を見ながら
ちょっと呼吸してみてください、もしもお手元でスマホと
か心拍を測れるものをお持ちの人は、それを測りながら、
「本当に呼吸に合わせて変動が見られるかどうか」、確認し
ていただけるといいかと思います。

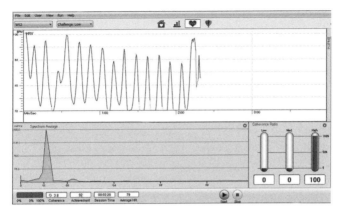

図13-4 HRVBF　9秒呼吸訓練の生理測定グラフ

【訓練中】

　　はい、お疲れ様でした、今5分経過しました。

　　実際の訓練の場合は20分くらいですが、最初から20分連続はすこし大変ですので、例えば10分やって、10分休憩してからまた10分やるくらいの形で、「1回20分くらいを1日2セットする」といった方法も提唱されています。

　　どうですか、多分、1回5分やったくらいで、急に何かが変わるということはないかもしれませんが、やっていて「苦しかった」「落ちついてきた」とか、何かありますか。

被験者　10秒間隔の2回目のほうが吸ったときの苦しさが、1回目よりもちょっとなくなった感じがあります。

小林　2回目のほうが、吸うときの呼吸が楽になったと考えてよいですか？

被験者　そうです。

小林　呼吸のやり方に慣れてきたというところですね。

　　例えば、今やっていて5分の中の最後の1分あるいは30秒くらいの時間帯に少し楽になってきたとか、落ちついたとかいうことはありませんでしたか？

被験者　前半、ちょっと緊張していたんですけれど、後半、少

しリラックスした感覚になりました。

小林 併行して測定していたいろいろな生理反応を見ていると、後半の最後の 40 秒くらいから、急に皮膚温などが上がってきて、「少しこの辺から落ちついてきたのかな」というのは見受けられたのです。

　こういう感じでやっていくのですが、普段、特に割と健康的な若い学生さんなどにやると、みんな健康で、「こんなにきれいに大きな振幅で」と思うようなデータがとれるケースが多くみられます。

　今健康ですか、寝つきもよく、夜寝られていますか？

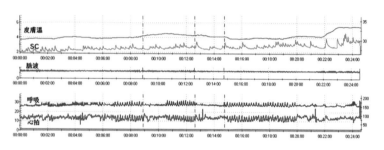

図 13-5 HRVBF　９秒呼吸訓練の生理測定グラフ

被験者　割とそうかもしれないです。

小林　こうやってみると、すごく簡単そうに見えるんですけれど、例えば、あまり状態が良くない人だと、たとえばこのデータですが、ペース呼吸しているんですが、変動はこの程度だったりします。

　このデータは、年齢的には高く、健康状態もあまりよくない方です。同じトレーニングをやっても、誰もがきれいに出るわけではないのです、こういった状態の場合には、今言ったトレーニングをやっているうちに、だんだん、だんだん振幅が回復していくということが期待され、それに伴って、心理面、あるいは身体症状自体も改善されていくということがあります。

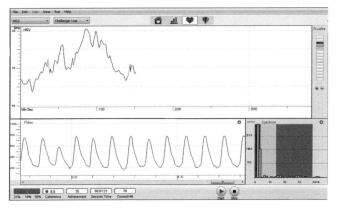

図 13-6 HRVBF 不健康例のグラフ

　先ほども申しましたように、睡眠の改善効果もよく報告
されています。「寝る前に 20 分、あるいは 10 分でもこれ
をやると、寝つきがよく、睡眠の質も上がる」という報告も
出ているので、夜、睡眠で悩まれている方は、この訓練は効
果があるかもしれません。

　ただ、実際にこういった本格的なトレーニングができな
い場合には、変化のイメージなどもしながら、先ほど言っ
た呼吸のタイミングで、少し時間をかけて、呼吸をするだ
けでも効果があるかもしれません。

　「もう少し本格的に」という場合には、もう少し本格的な
システムとか装置などを入手して訓練されてみるのも良
いと思います。

　ありがとうございました。一旦ここで終わります。

岡本　簡単な質問していいですか。

小林　はい。

岡本　そうすると、我々がこういう装置が仮になくても、家で
　　メトロノームみたいなものを 10 秒間隔で遅く回すとかし
　　てそれに合わせて呼吸してトレーニングするといいので
　　しょうか。

小林　ある程度いいと思うんですが、1つは、先ほども言いましたように「10秒というのが、本当にその人に合った周期かどうか」というのがわからない、「概ね10秒」ということでの効果はあるのでしょうが、本当は、10秒が良いかどうかもきちんと測って決める必要があります。

　単に呼吸をするだけで、とにかく10秒間隔でやれば、あんなふうにきれいになるかというと、そうでない面もあります。バーの増減を見ながら、「ああ、同期しているな」というタイミングを見ながら呼吸をするのが効果的なので、できれば、最初のうちは心拍の反応を見ながら何回かはやって、呼吸のみの訓練は、うまくできるイメージができてからのほうがいいかもしれません。

　でも、深い10秒である程度呼吸をすると、心拍変動は大きくなりますから、それだけでも効果はあると思いますけれど、より効果的にするには正確にきちんとやるに越したことはないと思われます。

岡本　もう1つ、10秒1呼吸でしたけれど、例えば坐禅なんかしていると、30秒に1呼吸とか、60秒に1呼吸くらいの呼吸になっていくのですが、「10秒くらいがいい」というのは、どういうような経験則、ないしはデータから来るのでしょうか。

小林　「10秒」というのがキーワードです。もともと血圧調整によるで10秒周期の変動があることがポイントです。10秒に呼吸の周期を合わせると、そこで共鳴反応が起こって、神経系のメカニズムからより大きな変動になります。ですから10秒というのが重要です。ただ、10秒というのは、人によってちょっと速かったり、遅かったり、ずれるので、そこの微調整をすることでより効果的になります。

　ここでもう一つ「インナーバランス」というソフトウエアをご紹介します。これはスマートフォンを使って訓練ができるシステムです。今、耳朶からセンサーで心拍を測っ

ていています。この画面の丸い図形が膨らんだり、縮んだりしていますが、これが呼吸のペースを表しています。自分で「何秒」と設定できますが、今これは10秒に設定されています。上に小さく表示されているのが、心拍の変化です。表示モードが幾つかあり、今は、横に動いているのが呼吸のペーサーで、下にちょうど心拍の変動があらわれます。ですから、こういう機材を使って、このペースに合わせて呼吸をしながら、心拍の波形なども確認できるのです。

岡本 じゃあ、僕がつけましょうか。ああ、整ってきたね。目標は呼吸だけを目途にやっていればいいの？

小林 まずは呼吸で、できれば、なるべくそれがうまく。

岡本 脈拍を見ていれば整ってくるんですか、きちんと。

小林 どちらかというと呼吸がメインなんですが、そのときに心拍なども見ながら、「ああ、うまくなっているな」というのを確認していく。

岡本 そこに出ている緑の丸いのは何ですか。

小林 簡単に言うと、「いい状態ですよ」というフィードバックです。

岡本 フィードバックが出ているわけですね。ああ、今よくないわけね。

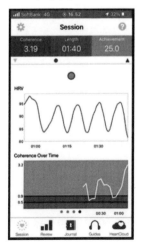

小林　そうです、赤はだめという表示です。このソフトは「コヒーレンス」という概念を独自につくっていて、きれいに呼吸に同期してうまくサインカーブになっているときに「いい状態」という意味で緑が表示されるようになっています。

岡本　上の数値は何かの評価の得点なんですか。

小林　真ん中が経過時間です。左側がコヒーレンスといっている数値です。コヒーレンス値で見てもいいのですが、他の指標から見てもあまりいい状態ではないですね、最初のほうはきれいに変動していたので、その状態をつくるということを目指せばいいのだと思います。

　　　最初のうちよい状態だったのですが、途中しゃべったりしたので少し数値が下がっていますね。呼吸に合わせたきれいなサインカーブが出てくると、恐らくこれが緑のほうにずっと上がってくるわけです。

岡本　ありがとうございました。一般の方でも求めて、これでできるわけだ。

小林　そうですね、これはネットで3万円くらいで買えます。簡単に入手はできるので、きょう講義を聞いてくださって、その辺の知識を持った上でやれば、かなりしっかりしたことができるのではないかと思います。個人でやってもいいし、施術とまでは言いませんが、他者にやる場合にも、これくらいのスペックがあれば、ある程度利用できるのではないかと思います。では、一旦終了します。

岡本　Zoom参加の方で、ご感想などあるでしょうか。

　　　Lさん、どうですか。

L　感想ですけれど、被験者さんと一緒に10秒単位の呼吸をさせていただいた中で、血液の流れがよくなったような感覚、ちょっと視界が開けていく、頭がはっきりしていくような感覚を味わいました。心拍数もアプリを使って測っていたのですが、普段から結構速くて、80から90程度なんですけれど、今回呼吸している中で60から70程度に下

がったこともあって、心拍数の変化と呼吸のリズムの感覚を味わうことで、普段と違う落ちつきを味わうことができました。すごく効果を感じました、以上です。

O すごく眠くなりました、リラクセーションできました、ありがとうございます。バイオフィードバックについては、学生時代、脳波の研究をしておりました。理工系の先生とメーカーの人が入って、バイオフィードバックの器械を開発したことがあります。バイオフィードバックは、セラピストの訓練としてもすばらしいものだと思います。もっとスマホとかでできるようになるのであれば、これからセラピストになって利用される方は、ぜひ今日のバイオフィードバックなどを基礎に応用していただけばという感想です。

小林 ありがとうございました。おっしゃってくださったように、1度そういう生理的な側面から見られていると、非常にその辺の理解が深まるのかなと思います。

「眠くなる」ということですが、これは本当に眠くなるのです。私も、以前心拍変動を目的としたバイオフィードバック訓練の実験をしているとき、実験中被験者が寝てしまう事を何度か経験しました。あるとき、自分が被験者になってやってみたら、自分でもうとうと寝てしまったんですね。心拍変動の訓練効果と合わせて1つはペース呼吸というのが、それこそ催眠ではないですが、何か覚醒レベルを下げるような事に影響しているところもあるのかもしれません。

今回の効果の中で、休息とか睡眠とかに非常に関わりが深いようですから、その辺に効果が出る適応者が多いのではないかと思ったりもしています。ありがとうございました。

O 補足ですけれど、やはり心療内科、精神科に来られる方は、うつ病の人などもそうですが、睡眠障害があります、「よく眠れない」「夜中に起きてしまう」という方には、バイオ

フィードバックトレーニングは結構効果的だと思います。

T　インナーバランスというのを、2年前に買って持っていました。最初はすごく気に入って使っていたのですが、私の感覚としては、気持ちが落ちつかないと、きれいに呼吸していてもコヒーレンスが1か2になり、気持ちが落ちついて呼吸するときは4とかになっていくんのす。見ていたせいで緊張したのか、やっているうちにコヒーレンスが低くなったので、何カ月かやめて気持ちを落ちつけて呼吸しているうちに、またインナーバランスでやったらよくなったという経験があります。

小林　ありがとうございます。まさにさっきお見せした、あれはインナーバランスですから、あの器械を使ってトレーニングされていたということですね、ソフトは若干違うかもしれませんが。恐らく、2つ効果があるのかなと思うんです。1つは今おっしゃったように、やはり気持ちがリラックスする、落ちついているときに、変動が大きくなるあの器械で言うならコヒーレンスが上がる、きれいなサインカーブがきちんと出るということがあるのです。ただ、あまり画面を見たりして、「コントロールしよう」と頑張ってしまうと、逆になることはあるかもしれません。

　ただ、もう1つは、このHRVのバイオフィードバックという文脈でいうと、10秒周期で心拍変動を非常に大きくする、そのことで、いわゆる自律神経のいろいろな反射機能を活性化して、身体のバランス、身体の状態というものを、非常に改善させるところがあるので、その場合には、実際に「リラックスしよう」ということをあまり念頭に置かなくても、器械を見ながらその状態をつくり出すトレーニングをするということの価値もあるのかなと思います。

　つまり、健康ではない方、例えば、身体疾患、あるいは精神面で非常に悪い状態にあり、実際に、さっき見たような、ああいうきれいなものが出ない人に関しては、器械を見ながら、「リラックスしよう」ということとは別に、定期的に

1日20分、寝る前とか毎日、「呼吸を整えて、心拍の変動を大きくしよう」というトレーニングを続けていくと、消失していた心拍変動がきれいに出てきて、いろいろ改善される、効果が出ると思います。

ただ、ある程度きれいに通常的に出ているような場合、先ほどおっしゃったように、それを使ってもう少しリラクセーション、メンタル的にいい状態を目指すようなトレーニングを目指すときは、もしかすると、あまり器械に頼った形でコントロールするところは重視しなくても、あるいは、しないほうがいいのかもしれません。多分そういう方は、器械でいちいち心拍の変動なんか見なくても、ある程度、「こういうふうな呼吸をすればいい」というのが身についているので、ある一定の時間、気がついたときにやるということでいいし、そこまで身についている人は、あまり器械は要らないかもしれないですよね。

V　要らなくなります。

小林　そうだと思います、ありがとうございました。

V　お勧めの時間とかあるんですか、朝とか。

小林　寝る前にやると、さっき言ったように、睡眠とかの回復の効果があります。普段からぐっすり、いい睡眠ができている方は、それほど変わらないかもしれませんが、そうでない場合には寝る前は効果があると思います。

「1日20分を2セットのトレーニング」というのは、基本的には正常の心拍変動などが消失してしまっている、何らかの心身の不調があるような方の場合で、40分くらいの訓練をすることで、徐々にそれが回復されていくということだと思います。

そういった明確な心身の疾患はなく、心の状態を整えるといった場合には、1日40分とか、「限られた時間にやる」という必要はないと思います。逆に言うと、「ちょっと自分がストレスを感じたときに、それを使って落ちつく」という使い方でよいと思います。

参考文献

1章・2章

Ledochowski, Igor 大谷彰（訳）2009　催眠誘導ハンドブック——基礎から高等テクニックまで　単行本（ソフトカバー）東京：金剛出版

大谷彰 2004　カウンセリングテクニック入門　大阪：二瓶社

大谷彰 2014　マインドフルネス入門講義　東京：金剛出版

高石昇、大谷彰 2012　現代催眠原論　東京：金剛出版

3章～5章

西村恵信 1994　無門関　岩波文庫

岡本浩一・角藤比呂志（編）2017　新時代のやさしいトラウマ治療——NLP、マインドフルネス・トレーニング、EFT、EMDR、動作法への招待（東洋英和女学院大学社会科学研究叢書 4）神奈川：春風社

大谷彰 2014　マインドフルネス入門講義　東京：金剛出版

大谷彰 2017　マインドフルネス実践講義——マインドフルネス段階的トラウマセラピー（MB-POTT）東京：金剛出版

天台大師（著），関口真大（翻訳）1974　天台小止観——坐禅の作法　岩波文庫 青 309-3

6章

Dilts R. and DeLozier J. 2016. NLPU 400 NLP Trainer and Consultancy Certification Course. CA.: Dynamic Learning Publications and NLP University Press.

岡本浩一・長谷川明弘（編）2019　パワハラ・トラウマに対する短期心理療法——ブリーフセラピー・臨床動作法・NLP の理論と実際（東洋英和女学院大学社会科学研究叢書 7）神奈川：春風社

7章

Hallbom T. & Hallbom K. 2012. "The WealthyMind Program"

8章

de Shazer S 1985 Keys to Solution in Brief Therapy New York・W W Norton & Co Ltd（小野直広 訳　1994 短期療法　解決の鍵　東京：誠信書房）

Dolan, Y.　2014　ブリーフセラピーネットワークジャパン第 18 回大会における配付資料　2014 年 2 月 15-16 日（東京）

Erickson M.H. 1954 Pseudo-Orientation in Time as a Hypnotherapeutic Procedure,　Journal of Clinical and Experimental Hypnosis, 1954, 2, 261–283.

長谷川明弘 2018　第Ⅱ部3章　働き方を考える〜心理学の視点から〜，坪内千明・澁谷隆良・町田小織・長谷川明弘・酒井郷平（編）キャリア設計Ⅰ東洋英和女学院大学，pp.37–42.

長谷川明弘 2019a　パワハラ・トラウマに対するブリーブラピーの適用．岡本浩一・長谷川明弘．岡本浩一・長谷川明弘（編）　パワハラ・トラウマに対する短期心理療法　神奈川：春風社，pp.69–111.

長谷川明弘 2019b 催眠法〔第3章介入技法2各種技法C. その他の心理療法2)〕，下山晴彦（編集主幹）　公認心理師技法ガイド——臨床の場で役立つエビデンス・ベイスト・プラクティス，東京・文光堂，pp.435–443.

宮田敬一（編）1994　ブリーフセラピー入門　東京：金剛出版

10章〜11章

川村則行 1998 自己治癒力を高める　講談社ブルーバックス

長谷川明弘 2008 臨床動作法と自己治癒力——主体性を活性化させる心理療法，看護学雑誌，72（3），pp.218–223.

長谷川明弘 2017　トラウマに対する臨床動作法　岡本浩一・角藤比呂志（編）新時代のやさしいトラウマ治療——NLP，マインドフルネス・トレーニング、EFT、EMDR、動作法への招待，pp.161–226, 神奈川：春風社

長谷川明弘 2019　パワハラ・トラウマに対する臨床動作法の適用　岡本浩一・長谷川明弘（編）パワハラ・トラウマに対する短期心理療法——ブリーフセラピー・臨床動作法・NLP の理論と実際，pp.113–142．神奈川：春風社

木村駿・小林茂 1968　催眠法による脳性マヒ者の行動変容について，臨床心理学研究，6（4），pp.229–239.

小林茂 1966　脳性麻痺のリハビリテーション，成瀬悟策（編），教育催眠学，pp.279–290, 東京：誠信書房

今野義孝 1978　多動児の行動変容における腕上げ動作コントロール法の試み——行動変容における弛緩訓練の効果について，東京教育大学教育学部紀要，24, 187–195

成瀬悟策 1995　臨床動作学基礎　東京：学苑社

成瀬悟策 2000　動作療法　東京：誠信書房

成瀬悟策 2007　動作のこころ　東京：誠信書房

成瀬悟策（監修）はかた動作法研究会（編）2013　目で見る動作法［初級編］東京：金剛出版

成瀬悟策 2014　動作療法の展開：こころとからだの調和と活かし方　東京：誠信書房

成瀬悟策（編著）2019　動作療法の治療過程　東京：金剛出版

岡本浩一・長谷川明弘（編）2019　パワハラ・トラウマに対する短期心理療法——ブリーフセラピー・臨床動作法・NLP の理論と実際　神奈川：春風社

12章

ジョン・N・デモス（2020）EEG ニューロフィードバックをはじめよう. 星和書店

川人光男（2017）心身ダイナミクスとニューロフィードバック. 心身医学, 57, 414–420.

Lubar, J. F.（1991）Discourse on the Development of EEG Diagnostics and Biofeedback for Attention-Deficit/Hyperactivity Disorders. Biofeedback and Self-Regulation, 16, 201–225.

大村一史（2010）教育分野におけるニューロフィードバックの可能性. 山形大学紀要, 15, 67–83.

篠田晴男ら（2012）ニューロフィードバック法の適用に関する基礎的検討. 立正大学心理学研究年報, 4, 13–20.

竹内聡（2019）ニューロフィードバックの臨床応用. バイオフィードバック研究, 46, 91–99.

13章

及川欧・Paul Lehre（2008）Heart Rate Variability（心拍変動）バイオフィードバックの臨床適応. バイオフィードバック研究, 35, 59–64.

榊原雅人・及川欧・Paul Lehrer（2013）心拍変動バイオフィードバック法. バイオフィードバック研究, 40, 41–48.

榊原雅人（2021）遠隔による心拍変動バイオフィードバック. バイオフィードバック研究, 48, 25–32.

あとがき

　私どもがこのテーマでワークショップを始めたのとあたかも同期するかのようなタイミングで「心理支援者に対する心理支援」の重要性が心理学界で図らずも広く共有され始めました。これは、決して偶然ではないと確信しています。まず、2021年度の『心理学評論』誌、第64巻の第3号と第4号が「マインドフルネス再考（1）」「マインドフルネス再考（2）」としてマインドフルネス・トレーニングについての特集号となりました。そして、著者らが所属する日本催眠医学心理学会の2022年第68回大会（大会長：藤岡孝志・日本社会事業大学教授）のテーマが「原点回帰：催眠の実験と臨床を振り返り、『身体』と『支援者支援』へとつなげる」に設定され、「催眠を支援者支援から掘り下げる：支援者支援と催眠」というテーマで最終日（12月11日）の大会シンポジウムが開催されました。

　そのシンポジウムでは、髙橋国法・東京都市大学教授の司会のもと、つぎのような発表が行われました。

- 岡本浩一「セルフケアの視点からのNLP、坐禅、茶道点前」
- 桜井憲児朗・ダイヤルサービス（株）臨床心理士「支援者支援のための瞑想と催眠」
- 梅崎薫・埼玉県立大学教授「支援者も被支援者とともに：修復的対話サークルでの癒し」

シンポジウム登壇者

　この大会の大会長であった藤岡孝志教授は、このシンポジウムを纏めるに際して、支援者のストレスの大きさと支援者支援のセルフ・ケアの必要性について言及なさった上で、次の言葉で締め切られました。

　「最も大事な支援者支援は、『支援者自身が支援されたり、支援者が自分自身を支援することによって、我々が構築している臨床の場が極めて高次で安定的に保持されていく』ということで、そこが我々支援者が目指すべきことではないかと思っています。この言葉は、支援者自身のセルフ・ケアが、自分自身のためだけでなく、被支援者に対するよりよい支援を達成するためにも重要であることを物語っていると思います。」

　藤岡先生は、岡本への私信で「これまでの人生のすべてをこの大会に注いだといっても過言ではないと思っている」と漏らしておられました。そのような気組みで取り組まれた大会の最終シンポジウムに本書のテーマをとりあげていただき岡本に登壇までさせていただいたことを深く感謝申し上げます。
　本書籍の筆を措くにあたり、2年間にわたったワークショッ

プに被験者として参加し、録音と生理的データと写真の提供に同意してくださった協力者の方々に感謝を申し上げます。さらに、対面またはZoomによる遠隔で参加してくださった方々にも感謝を申し上げたいです。開催年度がコロナ禍の2年間に合致してしまったこともあり、開催のご通知が間際になりがちだったにもかかわらず、熱心にご参加くださってありがとうございました。協力者、参加者のご存在が研究を進める大きな励みとなりました。

　日本催眠医学心理学会・第68回大会のシンポジウムをご準備ご参加くださった、藤岡孝志先生、司会の髙橋国法先生、シンポジストの桜井憲児朗・梅崎薫両先生にも感謝申し上げます。

　今回のワークショップを開始するにあたり、2年前に「セルフ・ケアのための心理学技法」のテーマを提案したのは、社会技術研究所の同僚・角藤比呂志教授でした。健康上の理由やコロナ禍の通勤の問題などからワークショップそのものに参加してもらえませんでしたが、そのご慧眼に敬意を表します。また、実施や測定の全般にわたって、日本催眠医学心理学会理事長の飯森洋史博士(飯森クリニック院長)のご指導ご支援に浴しました。記して感謝申し上げます。

　実施に際して、本学の情報処理センターをはじめとする事務部署各位、若松正憲総務課(情報処理センター)課長補佐、佐藤達明総務課長、石井洋之事務部長、池田明史前学長、星野三喜夫学長のご理解とご支援がありました。感謝申し上げます。

　　　　　　　　岡本浩一・小林能成・長谷川明弘

あとがき

跋文

岡本浩一

2023年度末付の定年退職を目前にしているので、本書が私の編集になる「東洋英和女学院大学社会科学研究叢書」の最後の巻となる。この研究叢書の創刊は2014年である。その創刊号も私が編集させていただいた。以来、巻4、巻7、本巻と編集にあたることができ幸いだった。この研究叢書は、社会技術研究所、国際関係研究所、メディア・コミュニケーション研究所の輪番出版事業として定着し、本学の主要な社会貢献の一つとなった。それを想うとき、万感の思いがある。創刊を主導したのは本学名誉教授・増田弘博士である。筆を措くにあたり、増田教授の先見性とリーダーシップを憶えておきたい。また、春風社のご協力なしにこの研究叢書は維持できなかった。三浦衛社長と終始ご担当くださった岡田幸一編集長に万巻の深謝を申し上げるとともに、本叢書のますますの充実を祈念したい。

本学には大学設立準備期間の1988年から36年間、籍をおかせていただいた。本研究叢書のおかげで定年まで有意義な研究ができ、共同研究の仲間に恵まれたのは大きな幸いだった。

索引

執筆者紹介

大谷彰（おおたに　あきら）

大阪府出身。上智大学外国語学部卒業。ウエスト・バージニア大学大学院にて教育学博士。ジョンズ・ホプキンス大学准教授、メリーランド大学カウンセリングセンター・シニアサイコロジストを経て、関西学院大学招聘客員教授を歴任後、2008年よりSpectrum Behavioral Health サイコロジスト。アメリカを代表する心理催眠療法家として知られ、米国臨床催眠学会（American Society of Clinical Hypnosis）フェロー、アメリカ心理催眠専門学会（American Board of Psychological Hypnosis）理事、メリーランド州臨床心理師委員会 (Maryland State Board of Licensed Professional Counselorsing) 副会長などをつとめる。専門領域は不安障害、トラウマ障害の診断と治療。

英語著書多数のほか、日本語でも「カウンセリングテクニック入門」「現代催眠原論」（高石昇と共著）、「マインドフルネス入門講義」ほか著書多数。

小林能成（こばやし　よしなり）

東京生まれの広島育ち。上智大学文学部心理学科卒業。同大大学院文学研究科教育学専攻で修士。東京純心女子大学助教授を経て、2007年より、東洋英和女学院大学人間科学部准教授。日本心理学会、日本生理心理学会、日本バイオフィードバック学会（現在、理事）などに所属。

主要論文に「ストレス軽減技法末梢皮膚温BF」

長谷川明弘（はせがわ　あきひろ）

愛知県出身。愛知学院大学文学部心理学科卒業、新潟大学大学院教育学研究科より修士（教育学）、東京都立大学大学院都市科学研究科博士課程より博士（都市科学）。医療・福祉・教育・産業領域での臨床実践と研究活動を並行し、金沢工業大学専任講師などを経て、2013年より東洋英和女学院大学人間科学部准教授、2020年から教授。大学院人間科学研究科兼務。臨床心理士、公認心理師、臨床動作士、指導催眠士、認定催眠士。日本心理学会、日本催眠医学心理学会、日本ブリーフサイコセラピー学会、日本臨床動作学会などに所属、日本ブリーフサイコセラピー学会ならびに日本催眠医学心理学会の常任理事として編集委員、学術委員、研修委員、資格認定委員など歴任。

主要な著書・論文は、『日常生活における「自然な」心理療法』『「からだ」と「こころ」をつなぐ心理療法のかたち』「臨床動作法と自己治癒力──主体性を活性化させる心理療法」「臨床心理学の歴史──催眠を基軸として」など。

岡本浩一（おかもと　こういち）

大阪府出身。東京大学文学部社会心理学専修課程卒業。同大大学院社会学研究科で社会学修士、社会学博士。同大文学部助手を経て、1989年より東洋英和女学院大学人文

学部助教授。1997年より人間科学部教授。NLPをロバート・ディルツに師事し、NLPマスター・トレーナー。日本心理学会、日本社会心理学会、日本行動計量学会、日本催眠医学心理学会、茶の湯文化学会などに所属。茶道を修め、裏千家淡交会巡回講師を兼任。臨済宗大徳寺派別格本山万松山東海寺坐禅会世話人。リスク認知心理学を専門とし、原子力安全委員会専門委員、内閣府原子力委員会専門委員など歴任。国の科学技術研究領域の創始メンバーのひとり。

著書に「会議を制する心理学」「組織の社会技術1 組織健全化のための社会心理学:違反・事故・不祥事を防ぐ社会技術」(共著)「グローバリゼーションとリスク社会:東洋英和女学院大学社会科学研究叢書1」(共編)など。

【編者】

岡本浩一（おかもと・こういち）
東洋英和女学院大学人間科学部教授
社会技術研究所所長

小林能成（こばやし・よしなり）
東洋英和女学院大学人間科学部准教授
社会技術研究所員

長谷川明弘（はせがわ・あきひろ）
東洋英和女学院大学人間科学部教授
社会技術研究所員

東洋英和女学院大学社会科学研究叢書 10

自分を整えるブリーフサイコセラピー
——瞑想法、NLP、臨床動作法、バイオフィードバック

2023 年 3 月 28 日　初版発行

東洋英和女学院大学　　社会技術研究所

発行者　三浦衛
発行所　春風社 *Shumpusha Publishing Co.,Ltd.*

横浜市西区紅葉ヶ丘 53　横浜市教育会館 3 階
〈電話〉045-261-3168　〈FAX〉045-261-3169
〈振替〉00200-1-37524
http://www.shumpu.com　✉ info@shumpu.com

装丁・レイアウト　矢萩多聞
印刷・製本　シナノ書籍印刷株式会社